Nele Hillebrandt

Mama sein

**Was Babys wirklich brauchen
Der entspannte Weg
ins Familienleben**

INHALT

ÜBER MICH

Ich bin Erzieherin und habe einen Bachelor of Science in Psychologie. Über ein Jahr lang dauerte unsere Kinderwunschzeit, und in dieser Zeit las ich unendlich viele Erziehungsratgeber. Ich dachte, dass ich gut vorbereitet wäre. Dass ich dieses „Mama sein" schon hinbekommen würde. Nein, ich habe es mir nicht leicht vorgestellt. Wenig Schlaf, viele Pflichten. Aber als dann mein Baby geboren war, da war es so anders, so überwältigend, so verunsichernd, dass ich oft nicht wusste, wie ich mich verhalten sollte.

Die ersten Wochen nach der Geburt waren für mich – und für uns als Familie – extrem belastend. Ich hatte große Schwierigkeiten, in meine neue Rolle zu finden, und die körperlichen Nachwehen der Geburt erschwerten es mir zusätzlich. Ich war verletzt, unsicher und durcheinander. Meine Hormone spielten verrückt, und in mir herrschte ein einziges Chaos.

Ich habe über diese Zeit ausführlich auf meinem Mamablog Faminino berichtet und dort die Rückmeldung erhalten, dass ich mit diesen Gefühlen nicht alleine bin. Viele Frauen berichteten mir von ähnlichen Gefühlen, Gedanken und Erfahrungen.

Und eins war allen gemeinsam: das Gefühl, dass es falsch ist, sich so zu fühlen. Dass man zu schwach ist. Zu wenig belastbar. Das Gefühl, dass alle Frauen um einen herum mit ihren Babys im siebten Himmel schweben. Dass Babys eine Familie doch komplett und das Leben schöner machen sollen.

Stattdessen stellte dieses kleine Wesen bei uns alles auf den Kopf.

Es dauerte lange, bis sich hier alles einspielte und noch länger, bis ich es geschafft habe, dass ich mich selbst nicht für eine unfähige Mutter hielt.

Heute sind wir als Familie angekommen. Ich bin zwar immer noch oft übermüdet, aber die Überforderung ist zum Glück einem Gefühl von Sicherheit gewichen. Ich weiß mittlerweile, dass es okay ist, wenn es nicht perfekt ist. Dass es auch gut ist, wenn ich es anders mache als die anderen. Dass mein Weg für uns der richtige ist.

Ich habe gelernt, meinen Weg im Dschungel der verschiedenen Erziehungsansätze zu finden und wegzuhören, wenn jemand versucht, mir seine Sichtweise aufzudrängen. Ich bin dafür, dass wir endlich akzeptieren, dass Menschen, Familien, Mütter, Väter und Kinder verschieden sind. Dass jede Familie ihren eigenen Weg finden muss.

Ich habe mich viel mit Erziehungsstilen und Konzepten beschäftigt. Viel gelesen, das mir gefällt. Viel, das mir nicht gefällt. Ich tausche mich mit Müttern darüber aus, wie sie es machen, und lerne dabei immer wieder, wie wichtig Akzeptanz für die verschiedenen Herangehensweisen ist.

Ich selber erziehe nach keinem konkreten Erziehungsstil. Ich erlaube mir das anzuwenden, was mich anspricht, informiere mich und entscheide am Ende nach Bauchgefühl. Ich möchte informiert und bewusst entscheiden, weil ich dabei hinterfrage, und mein Vorwissen hilft mir, bestimmte Dinge einordnen zu können.

A.5.146

Entbindung 3

A.5 Frauenklinik - Kreißsaal

UND DANN
IST MAN MAMA

Wenn man schwanger ist, dann hat man ganz klar ein Ziel vor
Augen: den ET (errechneten Termin oder auch Entbindungstermin).
Man zählt die Wochen, die Tage. Man fiebert diesem Tag in
freudiger Erwartung entgegen, gepaart mit (mehr oder weniger
großer) Angst. Schmerzhaft wird es werden. Das weiß man. So
wird es einem ja immer erzählt. Wenn man Glück hat, dann geht
es schnell, bei „Erstgebärenden" ist das aber eher unwahrscheinlich.
Innerlich bereitet man sich also vor. Auf diesen Tag X.
Auf Schmerzen.

Zumindest versucht man das. Denn so wirklich kann man sich gar nicht vorstellen, was da auf einen zukommt. Ich zumindest konnte es nicht.

Und dann?

Ja, dann ist man Mama. Dann hat man ein Baby. Wenn die Geburt erst mal geschafft ist, dann wird alles gut. Vielleicht ein bisschen anstrengend. Klar, Babys weinen, aber als Mama wird man schon wissen, was zu tun ist. Und wahrscheinlich schläft man erst mal nicht so viel. Aber das hat man ja auch nicht, wenn man die ganze Nacht in der Disco verbracht hat. So schlimm kann es also gar nicht sein, oder?!

So oder so ähnlich dachte ich. Wobei, eigentlich dachte ich nicht wirklich darüber nach. Meist dachte ich nur bis zu Tag X und nicht viel weiter. Worüber sollte ich auch groß nachdenken? Ich wusste nicht, wie es sein würde, ein Baby zu haben, und konnte es mir auch kaum vorstellen.

Man könnte nun sagen, dass das naiv sei.

Aber letztendlich ist doch die Frage, wie man sich etwas vorstellen soll, von dem man gar nicht weiß, wie es werden kann. Babys sind so verschieden wie ihre Eltern. Und niemand kann einem sagen, wie das eigene Baby werden wird.

Natürlich bereiteten wir uns, so gut es eben ging, vor. Wir kauften die Erstausstattung. Suchten den perfekten Kinderwagen. Machten uns Gedanken darüber, wie wir schlafen würden und kauften ein Babybay. Ich besorgte eine Packung Pre-Nahrung für den Notfall, nahm mir aber vor zu stillen und besorgte ein Stillkissen. Ich las Ratgeber über Ratgeber, nahm an Diskussionen im Social Web teil und hatte eine ziemlich genaue Vorstellung davon, was ich als Mutter tun würde und was nicht.

Aber wir rechneten nicht damit, dass unser Sohn die erste Zeit hauptsächlich schreien würde. Dass wir lernen müssten, einfach für ihn da zu sein und auszuhalten. Ich rechnete nicht damit, dass ich mein altes Leben vermissen würde. Dass ich einen Ausschlag bekäme und aufgrund dessen mein Kind kaum halten könnte. Verdauungsbeschwerden, Wachstumsschmerzen, Zahnen – auf all diese Dinge kann man sich kaum vorbereiten. Man kann auch kaum etwas dagegen tun, außer: aushalten. Das Kind halten. Sich selbst halten. Mehr geht manchmal gar nicht.

Und auch die Geburt ist, wenn das Kind erst einmal auf der Welt ist, in den meisten Fällen nicht direkt vergessen. Risse, Nähte, Hämorrhoiden, Nachwehen und manch anderes kann Schmerzen bereiten. Man ist schwach und erschöpft, denn der Körper hat gerade eine Höchstleistung vollbracht und braucht nun Ruhe.

HILFE BEI STARKEN NACHWEHEN

Nachwehen sorgen dafür, dass die Gebärmutter sich wieder auf ihre ursprüngliche Größe zurückbildet. Vor der Schwangerschaft hat die Gebärmutter ungefähr die Größe einer Birne und wiegt ca. 70 g, am Ende einer Schwangerschaft ist sie hingegen so groß wie zwei Fußbälle und allein die Muskeln wiegen rund 500 g.

In der Regel sagt man, dass Nachwehen stärker sind, je mehr Kinder man geboren hat. Doch auch hier gibt es natürlich Ausnahmen.

Bei sehr starken und unangenehmen Nachwehen kann Wärme, zum Beispiel durch eine Wärmflasche oder warme Wickel Linderung verschaffen, auch das Veratmen der Wehen (wie bei Geburtswehen) und das Einnehmen der Bauchlage haben sich als hilfreich erwiesen.

Wenn das alles nicht ausreicht, kann man in Absprache mit dem Gynäkologen oder der Hebamme auch leichte Schmerzmittel nehmen.

Der Wochenfluss erinnert einen die ersten Tage regelmäßig daran, dass man gerade ein Kind geboren hat, und die Hormonumstellung tut ihr Übriges. Dass der Beckenboden nicht direkt wieder im Ursprungszustand ist, merkt man oft noch Tage, Wochen oder gar Monate später.

Und wenn man dann merkt, dass man ständig kurz davor ist, in Tränen auszubrechen, die neue Situation einen völlig überfordert und man sich Sorgen macht, wie das in Zukunft alles werden soll, dann lassen auch die Schuldgedanken nicht lange auf sich warten. Denn als frisch gebackene Mutter sollte man doch eigentlich rundherum glücklich sein.

Und ja, Mutter zu werden ist wunderschön. Es ist aber auch sehr anstrengend. Während der Schwangerschaft (oft auch schon vorher) träumen wir davon. Malen es uns in den schönsten Farben aus. Sehen überall nur glückliche Mamis, Papis und Kinder. Wir lieben unser Kind, noch bevor es auf der Welt ist.

Und dann ändert sich auf einmal unser ganzes Leben. Wir stehen da im Auge des Sturms und wissen oft einfach nicht weiter. Wir lieben unser Kind – aber gleichzeitig ist es uns fremd. Wir könnten oft weinen vor Glück – und genauso oft weinen wir vor Erschöpfung. Wir möchten alles richtig machen – und haben das Gefühl, dass das nie klappt.

Mutterschaft ist manchmal ein einziger Widerspruch. Nichts ist so, wie wir es uns vorgestellt haben. Es ist so viel schöner. So viel anstrengender. So viel erdrückender.

Dass andere nur davon berichten, wie toll es ist, ein Kind zu haben und wie glücklich sie sind, hilft nicht, diesen Widerspruch aufzulösen. Dazu kommen die Werbung und mittlerweile auch immer mehr soziale Netzwerke, die uns weismachen, dass Kinder immer nur lachend in weißer Kleidung durch den blühenden Garten laufen.

Was wir brauchen, ist ein ehrliches Bild von Elternschaft. Ein Bild, das zeigt, wie wunderschön es ist, Kinder zu haben und das gleichzeitig deutlich macht, dass das nicht heißt, dass immer alles perfekt ist und man immer gut gelaunt durch die Wiesen tobt.

Wir brauchen Menschen, die ehrlich davon berichten, wie sehr sie ihre Kinder lieben – und wie sehr sie von ihnen in den Wahnsinn getrieben werden. Kaum jemand hat wirklich Freude daran, den ganzen Tag Windeln zu wechseln, zu füttern und das Kind zu schaukeln. Wir tun es, weil wir unsere Kinder lieben. Weil sie uns brauchen.

Aber es ist okay, das nicht immer nur toll zu finden.

Hinzu kommen die Grabenkämpfe, die überall geführt werden. Wie sollte man sein Kind tragen, halten, füttern, kleiden? Schon kleine Fragen können in den Weiten der sozialen Medien wahre Shitstorms auslösen – von den großen Themen wie Impfen, Haustiere und Kinder, Kinderbetreuung und „Erziehung" ganz zu schweigen.

Oft steht man da als frisch gebackene Mutter und weiß kaum mehr, was man machen soll. Das Schwierige ist, dass in solchen Diskussionen meist diejenigen am lautesten schreien, die am intolerantesten sind. Andere Meinungen werden dann direkt verteufelt und Mütter als „Rabenmütter" hingestellt, die ihre Kinder nicht lieben.

Ich persönlich habe hingegen die Erfahrung gemacht, dass man selten zwei Familien den gleichen Ratschlag geben kann. Wer sagt, dass eine Lösung für alle gilt, der vergisst, wie verschieden wir sind. Dass wir zum Teil ganz unterschiedliche Bedürfnisse haben.

Natürlich gibt es Grundprinzipien, die auf uns alle zutreffen und Dinge, in denen die meisten Menschen sich ähneln – aber selbst da gibt es Abstufungen. Nuancen, in denen Unterschiede deutlich werden.

In diesem Buch versuche ich darum vor allem, verschiedene Wege aufzuzeigen. Wie kann man etwas machen? Was sollte man dabei beachten? Dabei haben fast alle Wege ihre Vor- und ihre Nachteile. Am Ende sollte jede Familie für sich entscheiden, welchen Weg sie gehen möchte.

Erfahrungsberichte verdeutlichen zudem, dass man auf jedem dieser Wege glücklich sein kann. Und das ist auch gleichzeitig die Essenz: Man wird nicht glücklich, weil man einen bestimmten Erziehungsstil durchzieht. Man wird auch nicht glücklich, nur weil man es so macht, wie alle es gerade machen.

Glücklich wird man, weil man in Einklang mit sich selbst ist.

Unsere Kinder brauchen neben Liebe und Geborgenheit auch Eltern, die sich selbst lieben, zufrieden mit sich sind und nicht unter dem Druck, „perfekt" zu sein, zerbrechen.

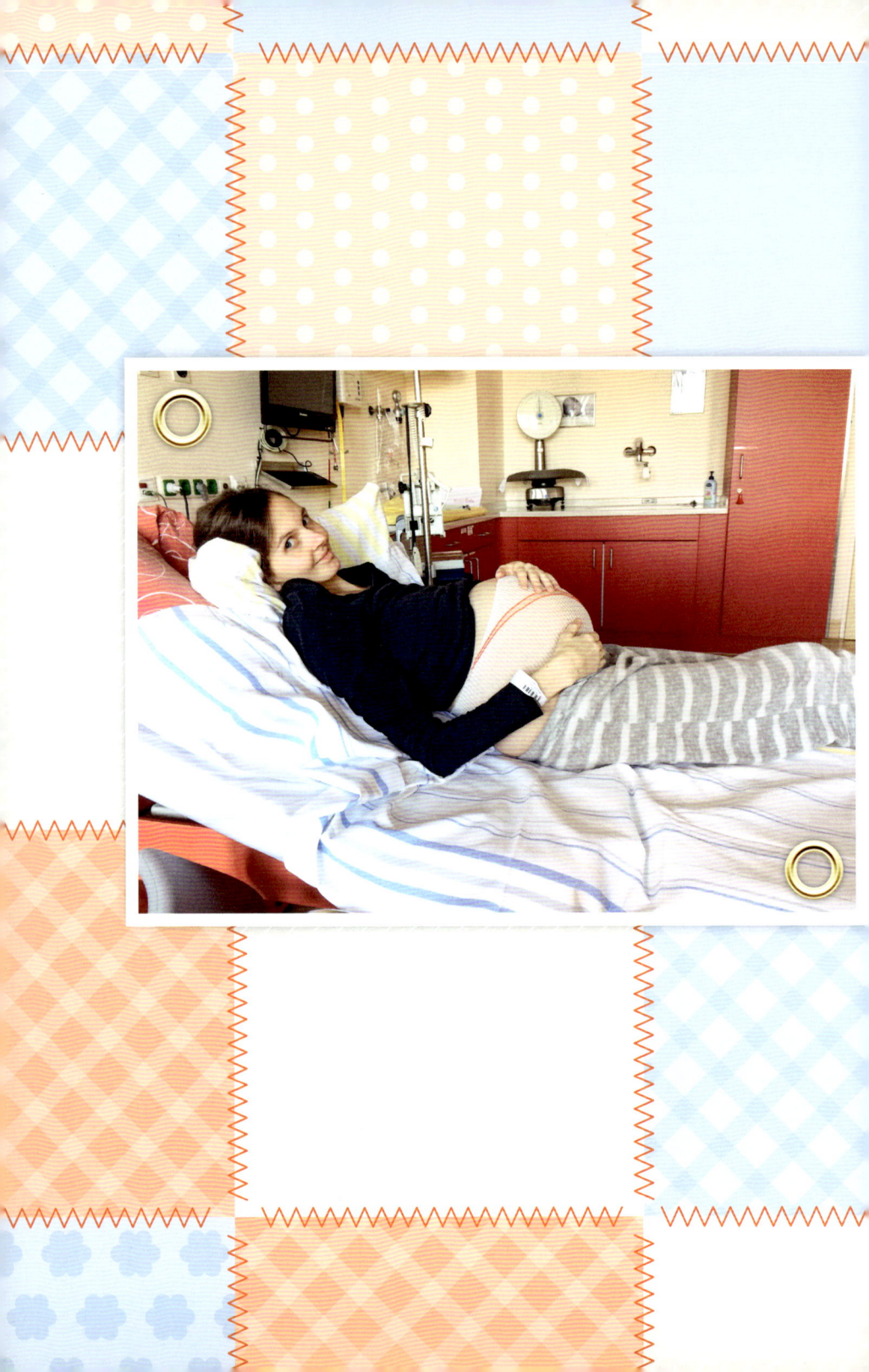

DIE GEBURT

Wenn der Entbindungstermin näher rückt, merkt man irgendwann, wie wenig dieser Tag eigentlich bedeutet: Selbst in unserer durchgetakteten Welt halten sich die Babys nicht an einen Termin. Es geht los, wenn das Baby so weit ist.

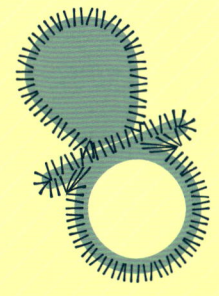

Darauf muss man sich einlassen. Was nicht leicht ist. Darum fragen sich viele werdende Mamas, wie man die Geburt natürlich anstupsen kann. Wie man dafür sorgen kann, dass Wehen regelmäßiger oder stärker werden.

Wir sind nicht gut im Warten.

Und das medizinische Personal ist es oft auch nicht. Mit wehenfördernden Medikamenten, Wehencocktails oder einer Eipollösung soll die Geburt angekurbelt werden.

Wie die Geburt an sich verläuft, lässt sich nicht vorhersagen.

Es gibt Frauen, die nur wenige Stunden in den Wehen liegen und bald unverletzt ihr Kind im Arm halten. Andere müssen die Wehen fast schon tagelang aushalten und haben danach schwere Geburtsverletzungen. Auf der anderen Seite ist es genauso gut andersherum möglich. Hinzu kommen die Geburten, bei denen früher oder später entschieden wird, dass ein Kaiserschnitt notwendig ist.

Geburten sind so verschieden, so unplanbar wie der Mensch selbst. Während wir das meiste bei einer Geburt nicht planen können, gibt es eine Sache, die geplant (und gepackt!) werden kann und um die Frauen sich meist akribisch kümmern: die Kliniktasche. Was genau hineingehört, da scheiden sich die Geister. Was für die eine essenziell war, war für die andere unnötig. Die folgende Checkliste hilft dir, nichts Wichtiges zu vergessen.

WAS GEHÖRT IN DIE KLINIKTASCHE?

- In jedem Fall wichtige Unterlagen wie Mutterpass, Ausweis und Krankenkassenkarte
- Bequeme Kleidung (weite Jogginghose, T-Shirt)
- Warme Socken (viele Frauen berichten von kalten Füßen unter der Geburt)
- Bademantel
- Haargummis
- Brille
- Zahnbürste, Zahnpasta, Duschsachen, Deo
- Handtücher und Waschlappen
- Hausschuhe oder Schlappen
- Still-BH, Still-Einlagen
- Erstlings-Outfit (Body, Hose, Jäckchen oder Strampler in Gr. 50/56, eventuell Mütze und eine Decke)
- Musik zum Entspannen
- Etwas zu naschen oder knabbern

Der Geburtsplan

Wer sich dennoch etwas Sicherheit verschaffen möchte und zumindest theoretisch überlegt, wie die Geburt ablaufen sollte, der kann einen Geburtsplan schreiben. Ein Geburtsplan enthält Angaben darüber, was man sich unter der Geburt wünscht und was nicht. Welche Medikamente möchte man nehmen, welche Interventionen lehnt man ab?

Auch für Frauen, die zum ersten Mal Mutter werden, kann es sinnvoll sein, einen Geburtsplan zu schreiben. So kann man sich mit dieser Situation auseinandersetzen. Man schaut schon im Vorfeld, welche Möglichkeiten es gibt, und ist informiert. Allerdings sollte man sich auch darüber im Klaren sein, dass es am Ende ganz anders kommen kann.

Eine Geburt ist oft überraschend. Überraschend schnell. Überraschend langsam. Überraschend schmerzhaft. Geburtspläne sind keine Fahrpläne. Unter der Geburt kann es sein, dass doch ganz anders gehandelt wird. Dass Frau sich etwas anderes wünscht oder etwas anderes braucht. Ein Abweichen vom Geburtsplan ist kein Manko und keine Schwäche.

Wenn man einen Geburtsplan schreiben möchte, sollte man sich zuvor gut informieren: Welche Möglichkeiten gibt es? Was bietet das Krankenhaus oder das Geburtshaus an, in dem ich entbinden möchte? Wenn ich zu Hause entbinden möchte, sollte ich mit Frauen sprechen, die selber schon eine Hausgeburt hatten. Auch Gespräche mit Hebammen, Ärzten und anderen Fachpersonen sind wichtig, damit klar wird, was möglich ist und wo eventuelle Grenzen liegen.

Ein Geburtsplan sollte auch immer mit dem Partner be- und abgesprochen werden. Im Zweifelsfall sollte er ebenfalls wissen, was darauf steht, damit er sich für seine Frau einsetzen kann. Unter der Geburt ist es nicht ungewöhnlich, dass Frauen nicht direkt alles mitbekommen. Der Partner hingegen kann oft besser darauf achten, was Hebammen und Ärzte besprechen und auf die Wünsche der Frau verweisen.

Ein Geburtsplan kann sehr ausführlich sein oder nur die (für die jeweilige Frau) wichtigsten Themen enthalten. Mögliche Themen sind:

Geburtsbegleiter

Wer soll mit im Kreißsaal sein? Soll der Partner mitkommen, die Mutter oder eine Freundin? Soll eine Doula mit zur Geburt kommen? Ist es in Ordnung, wenn auch Hebammenschülerinnen oder Assistenzärzte zur Geburt hinzukommen? Sollen diese Personen den Kreißsaal zu bestimmten Zeiten verlassen?

Gebärhilfen

Gibt es ein Gebärbecken und möchte die Frau dieses nutzen? Welche Voraussetzungen müssen dafür erfüllt sein? Ist ein Geburtshocker oder Pezziball erwünscht, wenn einer verfügbar ist?

Betreuung unter der Geburt

Ist es erwünscht, dass die Frau viel unterstützt wird, oder soll sie lieber in Ruhe gelassen werden? Möchte sie Anweisungen haben, wann sie pressen soll oder lieber auf ihr Gefühl vertrauen?

Medikamente

Welche Medikamente möchte die Frau gegen Schmerzen nehmen, welche nicht? Dabei sollte immer bedacht werden, dass nicht jedes Krankenhaus jede Art der Schmerztherapie unterstützt und durchführt. Es sollte also im Vorfeld abgeklärt werden, welche Möglichkeiten bestehen.

In vielen Krankenhäusern ist es heute üblich, dass die Patientinnen einige Zeit vor der Geburt über Risiken und Vorteile einer PDA (Peridualanästhesie) aufgeklärt werden. Dadurch entfällt unter der Geburt der Papierkram und man kann direkt handeln. Auch wenn man sich sicher ist, eine solche nicht zu wollen, ist es sinnvoll, die Aufklärung schon im Vorfeld zu machen. Sollte es zu einem Kaiserschnitt kommen oder man sich einfach umentscheiden, geht alles schneller. Eine Verpflichtung, die PDA zu nehmen, gibt es natürlich nicht.

Wünsche für den Kaiserschnitt

Ein Geburtsplan kann auch erstellt werden, wenn ein Kaiserschnitt gemacht werden muss. Und selbst wenn dieser nicht geplant ist, ist es sinnvoll, sich Gedanken darüber zu machen, was man sich wünscht, wenn ein solcher notwendig wird.

Fragen sollte man sich hier, wer mit in den OP soll, ob man das Baby direkt auf die Brust gelegt bekommen möchte und wer es nehmen soll, wenn dies nicht möglich ist.

Nach der Geburt

Auch direkt nach der Geburt gibt es Fragen, die aufkommen und die man schon im Vorfeld besprechen sollte. Ein großes Thema ist die Ernährung des Babys: Wünscht die Frau zu stillen? Ist es für sie okay, wenn das Baby eine Flasche Pre-Nahrung erhält? Oder einen Schnuller?

Mittlerweile gibt es immer mehr Krankenhäuser, die als still-freundlich ausgezeichnet werden. In diesen Krankenhäusern werden Mütter darin unterstützt, ihr Baby zu stillen, und es werden keine Fläschchen oder Schnuller angeboten, um einer Saugverwirrung vorzubeugen. Dennoch ist es letztendlich die Entscheidung der Frau, ob sie stillt oder nicht.

Weiteres

Letztendlich gehört in einen Geburtsplan all das, worüber sich die werdende Mutter (und natürlich auch der werdende Vater) Gedanken macht. Bei der Geburtsanmeldung sollten die wichtigsten Punkte besprochen und der Geburtsplan in schriftlicher Form abgegeben werden.

Wege sein Kind zu gebären

Heute können wir uns entscheiden, wo und auf welche Weise wir unser Kind auf die Welt bringen möchten. Diese Wahlfreiheit ist neu, und es haben sie auch heute nur anteilmäßig wenige Frauen auf der Welt.

Hier in Deutschland bekommen die meisten Frauen ihre Kinder in einem Krankenhaus. Es gibt aber auch noch andere Möglichkeiten, die Schwangeren offen stehen. In Deutschland gibt es, anders als in Österreich, keine gesetzliche Pflicht, eine Hebamme zur Geburt hinzuzuziehen oder sein Kind in einer bestimmten Umgebung auf die Welt zu bringen.

Alleingeburt

Frauen in Deutschland haben somit grundsätzlich die Möglichkeit, ihr Kind alleine, an einem von ihnen ausgesuchten Ort, zur Welt zu bringen. Nur wenige Frauen machen jedoch von diesem Recht Gebrauch. Ein Baby ganz allein, ohne Unterstützung, auf die Welt zu bringen, ist für die meisten eher eine beängstigende Vorstellung.

Auch Hebammen und Ärzte raten davon ab, da nicht sicher ist, ob Frauen alleine wirklich einschätzen können, ob die Geburt gut verläuft und es dem Baby gut geht. Sollte ein Baby bei einer Alleingeburt zu Schaden kommen, könnte es sein, dass sich die Mutter der fahrlässigen Körperverletzung oder gar fahrlässigen Tötung schuldig macht (Paragraf 222 und Paragraf 229 StGB).

Trotzdem gibt es Frauen, die ihr Kind alleine, ohne Unterstützung durch eine Hebamme oder einen Arzt, auf die Welt bringen und von dieser Art der Geburt überzeugt sind. Für sie ist der Körper der Frau dafür geschaffen, eine Geburt zu meistern. Dass heutzutage viele unnötige Interventionen durchgeführt werden und Frauen unter der Geburt nicht immer so behandelt werden, wie es ihnen eigentlich zuständе, sind oft Hauptgründe, sich für die Alleingeburt zu entscheiden.

Hausgeburt

Die Hausgeburt unterscheidet sich von der Alleingeburt darin, dass hier mindestens eine Hebamme anwesend ist. Sie wird von der Gebärenden gerufen, sobald diese merkt, dass der Geburtsvorgang beginnt.

Eigentlich hätte jede Frau das Recht auf eine Hausgeburt, aufgrund steigender Versicherungskosten und schlechter Bezahlung bieten viele Hebammen jedoch keine außerklinische Geburtshilfe mehr an. Wer mit dem Gedanken einer Haugeburt spielt, sollte sich somit schon sehr früh um eine Hebamme bemühen, die eine Hausgeburt begleitet.

Die Kosten einer Hausgeburt werden von den Krankenkassen getragen, allerdings nehmen viele Hebammen mittlerweile eine sogenannte „Bereitschaftsgebühr", die nicht oder nur zum Teil von den Kassen gezahlt wird. Diese Gebühr kostet meist einige Hundert Euro und dient letztendlich dazu, diese Art der Geburtshilfe überhaupt finanziell möglich zu machen.

Die „Deutsche Gesellschaft für Qualität in der außerklinischen Geburtshilfe" erhebt regelmäßig Daten dazu, wie sicher außerklinische Geburten sind und kam 2016 zu dem Ergebnis, dass Hausgeburten (entgegen der landläufigen Meinung) sehr sicher sind. Nur wenige Frauen müssen während des Geburtsvorganges wegen Komplikationen in eine Klinik verlegt werden (16,3 Prozent) und 95,1 Prozent der Mütter haben keinerlei Probleme nach der Geburt. Bei 38,7 Prozent wird keinerlei Intervention während des Geburtsvorgangs durchgeführt, nur bei 3,9 Prozent ein Dammschnitt gemacht. Die Kaiserschnittrate liegt bei 5,6 Prozent, und 91,9 Prozent erleben eine Spontangeburt.

„Ich habe mein Kind spontan zu Hause geboren"

Nina, 34 Jahre

Nachdem die Geburt meines ersten Kindes in einer Klinik eine wahre Katastrophe war, war für mich klar, dass ich nie wieder ein Kind an diesem Ort zur Welt bringen würde.

Ich wollte mein Kind in einer vertrauten Umgebung auf die Welt bringen. Dort wo ich mich sicher fühle und ich ganz auf mich und meinen Körper vertrauen kann. Für mich war dabei klar, dass eine Hebamme dabei sein müsse. Ich erinnerte mich von der ersten Geburt nur allzu gut an die Schmerzen und das verlangsamte Denken. Allerdings wollte ich gerne eine Hebamme, die ich schon vorher kennenlernen konnte und die mich mit meinen Wünschen ernst nähme.

Als ich den positiven Schwangerschaftstest in der Hand hielt, rief ich somit verschiedene Hebammen an, die hier bei uns eine Hausgeburt begleiten würden. Schnell stellte sich heraus, dass dies nur eine Einzige zu dem errechneten Zeitpunkt machen würde. Doch ich hatte Glück: Schon beim ersten Treffen verstanden wir uns auf Anhieb und ich wusste, dass sie die Richtige ist.

Unser Zuhause bereitete ich auf den großen Tag vor, indem ich Handtücher bereitlegte, extra Bettlaken kaufte und große Müllsäcke bereitstellte.

Als es dann so weit war, war ich völlig entspannt. Irgendwie konnte ich viel besser auf meinen Körper hören und die Wehen wirklich gut veratmen. Schon bei den ersten Wehen hatte ich meine Hebamme angerufen, und als die Wehen immer schneller hintereinander kamen, gab ich ihr Bescheid, dass es nun wirklich ernst würde.

Wenige Minuten später war sie da, hielt sich aber sehr zurück. Ich war ihr sehr dankbar dafür, denn ich war völlig in meiner Welt, die nur aus Wehen und Wehenpausen bestand. Die Schmerzen waren stark, aber dieses Mal hatte ich nicht das Gefühl, hilflos in ihnen zu ertrinken. Ich spürte, wie mich jede Wehe näher zu meinem Baby brachte und wie mein Baby und mein Körper zusammenarbeiteten.

In der Endphase war ich dann jedoch sehr dankbar, dass meine Hebamme dabei war. Sie half mir dabei, an den richtigen Stellen zu schieben und auch mal eine kurze Pause zu machen. Mein Baby erblickte hier bei uns zu Hause das Licht der Welt, und ich hatte eine unglaubliche, selbstbestimmte Geburt. Ich hatte einen leichten Dammriss, den meine Hebamme gut versorgte, ansonsten waren wir aber beide wohlauf.

Die Schmerzen unterschieden sich in der Intensität nicht von denen, die ich bei der ersten Geburt erlebt habe. Aber ich konnte mich besser auf sie einlassen und empfand sie darum als erträglicher. Diese selbstbestimmte Geburt hat mir viel Vertrauen zurückgegeben und mich für meine ersten Geburtserfahrungen mehr als entschädigt.

Geburtshausgeburt

Die Geburtshausgeburt oder Geburt in einer hebammengeleiteten Einrichtung ist im Grunde eine Hausgeburt, bei der man jedoch nicht zu Hause bleibt, sondern ein Geburtshaus aufsucht. Dies sind Räume, die von Hebammen gemietet oder gekauft sind, und in denen Frauen ihre Kinder zur Welt bringen können.

Die Räume sind oft besonders ausgestattet, haben ein Bett, Pezzibälle, spezielle Gebärhocker, Seile zum Festhalten und/oder Geburtsbecken. Der Vorteil gegenüber der Hausgeburt kann zudem darin liegen, dass diese Orte oft in der Nähe einer Klinik liegen, was viel ausmachen kann, wenn eine Verlegung notwendig ist.

Ansonsten wird auch diese Geburt von einer oder zwei Hebammen betreut, und auch hier sollte man sich rechtzeitig informieren, da die Plätze begrenzt sind. Eine Bereitschaftsgebühr wird auch hier meist erhoben.

Für die Geburtshausgeburt gelten die gleichen Kennzahlen wie für die Hausgeburt, sie ist also ebenfalls sehr sicher und hat zu Unrecht vielerorts einen schlechten Ruf.

Spontane Klinikgeburt

Die spontane Geburt in einer Klinik ist in Deutschland die häufigste Geburtsform. Etwa 95 Prozent der Frauen bringen ihre Kinder hier zur Welt. Bei 31,1 Prozent wird früher oder später ein Kaiserschnitt notwendig.

In der Klinik wird eine Geburt von einer oder mehreren Hebammen begleitet, zum Ende hin kommt oft ein Arzt dazu.

Schwierig ist, dass auch hier der Hebammenmangel teilweise deutlich zu spüren ist. So ist eine Hebamme meist für mehr als eine Gebärende verantwortlich und muss so regelmäßig die Räume wechseln. Kleinere Kreißsäle schließen und die, die bleiben, müssen mehr Frauen versorgen.

Wer sich eine durchgehende Betreuung über die gesamte Zeit hinweg wünscht, hat die Möglichkeit, eine Beleghebamme zu engagieren. Beleghebammen arbeiten mit einer Geburtsstation in einem Krankenhaus zusammen, werden aber von den einzelnen Schwangeren engagiert und kommen dann, wenn die Geburt „ihrer" Schwangeren losgeht. Eine Beleghebamme bleibt dann die gesamte Zeit über bei der werdenden Mutter und unterstützt diese. Da es auch immer weniger Beleghebammen gibt, muss man auch hier rechtzeitig planen.

Alternativ kann man auch in Begleitung einer Doula entbinden.

WAS IST EINE DOULA?

Das Wort Doula kommt aus dem Altgriechischen und bedeutet so viel wie Diener oder Magd. Eine Doula ist eine geburtserfahrene Frau, die werdende Mütter bei der Geburt begleitet und unterstützt. Anders als eine Hebamme hat sie keine medizinische Ausbildung und keine Berechtigung, Interventionen durchzuführen und diese mit einer Krankenkasse abzurechnen.

Die Kosten der Betreuung müssen durch die werdenden Eltern selber getragen werden und werden von der Doula selbst bestimmt.

Da spontane Geburten nicht geplant werden können, ist es oft so, dass Geburtsstationen zu manchen Zeiten über- und zu anderen unterlastet sind.

„Ich habe mein Kind spontan in der Klinik geboren"

Lisa, 28 Jahre

Als ich schwanger wurde, da war für mich klar, dass ich für die Geburt in ein Krankenhaus gehe. Ich habe zwar von Hausgeburten gehört, mir erschien das aber ehrlich gesagt als sehr unsicher und gefährlich. Ich wollte die Sicherheit eines Krankenhauses und habe mich auch für eines mit angeschlossener Kinderklinik und Neonatalogie entschieden.

Als es losging und ich die ersten Wehen spürte, zeichnete ich diese zunächst mit einer App auf. Wenn die Wehen in einem Abstand von drei Minuten kämen, wollte ich mit meinem Partner ins Krankenhaus.

Doch schnell merkte ich, dass mich die Heftigkeit der Schmerzen unsicher werden ließ. Somit fuhren wir also los, obwohl die Wehen noch sehr unregelmäßig kamen.

Im Krankenhaus wurde ich zunächst ans CTG und den Wehenschreiber angeschlossen. Unserem Baby ging es gut, die Wehen waren stark, aber leider nicht regelmäßig genug. Mir wurde ein Wehentropf angeboten, um die Geburt etwas zu beschleunigen.

Da ich mir ein schnelles Ende herbeisehnte, nahm ich dieses Angebot an. Die Wehen, die nun kamen, raubten mir buchstäblich den Atem. Obwohl ich eigentlich keine PDA wollte, bat ich einige Zeit später doch um eine. Der Zugang war zum Glück schnell gelegt, und bald wirkte das Schmerzmittel. Die Wehen waren nun nicht weg, aber doch deutlich besser zu ertragen.

Als die Hebamme zu mir sagte, dass ich jetzt pressen solle, war ich fast schon erleichtert. Die Austreibunsgphase war zwar wirklich schmerzhaft, endlich war aber ein Ende in Sicht.

Und dann hörte ich den Schrei. Mein Baby war geboren. Die Hebamme legte mir mein Baby sofort auf den Oberkörper und der Papa durfte die Nabelschnur durchschneiden. In dem Moment waren die Schmerzen zwar nicht vergessen, aber bedeutungslos. Es war einer der schönsten Momente meines Lebens.

Insgesamt dauerte die Geburt etwa zehn Stunden. Ich habe nie in meinem Leben solche Schmerzen erlebt und war sehr dankbar über die PDA. Im Krankenhaus habe ich mich die ganze Zeit über gut betreut gefühlt. Zwar musste ein Dammschnitt gemacht werden, mit dem ich noch einige Wochen später manchmal Probleme hatte, mittlerweile ist aber alles super verheilt.

Notfallkaiserschnitt

Wenn Hebammen oder Ärzte feststellen, dass die Vitalzeichen des Kindes drastisch schlechter werden oder andere Komplikationen bei der spontanen Geburt entstehen, kann ein Kaiserschnitt notwendig werden.

In diesem Fall muss es meist schnell gehen. Man kann sich kaum auf diese Situation vorbereiten, da sie für alle (mehr oder weniger) überraschend kommt. Sowohl werdende Mütter als auch ihre Partner empfinden diese Situation oft als beängstigend.

„Ich habe mein Kind per Notfallkaiserschnitt geboren"

Anne, 30 Jahre

Während der Schwangerschaft stellte ich mir immer eine spontane, komplikationsfreie Geburt in unserer Klinik vor. Ich nahm an der Kreißsaal-Besichtigung teil und stellte mir vor, wie ich mein Kind dort, in diesen Räumen, zum ersten Mal im Arm halten würde.

Als ich bei 37+4 aufwachte und Blut zwischen meinen Beinen entdeckte, dachte ich zunächst an den Schleimpfropf. Ich rief jedoch meine Frauenärztin an, und am Telefon wurde mir nahegelegt, sofort ins Krankenhaus zu gehen.

Als ich dort ankam, wurde zunächst ein EKG gemacht und plötzlich wurde alles sehr hektisch: Mein Baby würde nicht mehr versorgt und schwebe in Lebensgefahr. Es müsse sofort ein Kaiserschnitt gemacht werden.

Es gab keine Zeit, um nachzudenken. Keine Zeit, irgendwem Bescheid zu sagen (der werdende Papa war zum Glück da, er hat mich ins Krankenhaus gefahren). Alle nötigen Papiere musste ich hastig unterschreiben, während das Bett schon zum OP gefahren wurde.

Nur wenige Sekunden später bekam ich die Narkose.

Als ich wieder zu mir kam, lag ich in einem mir unbekannten Raum, mir war unglaublich kalt und mein Bauch war leer. Ich hatte keine Ahnung, wo mein Baby war, wo ich war oder was passiert war.

Eine Hebamme erzählte mir dann, dass es meinem Kind mittlerweile gut ging. Es sei alles sehr knapp gewesen aber wir wären gerade rechtzeitig ins Krankenhaus gekommen. Mein Baby sei nun schon beim Papa und ich würde die beiden gleich sehen können.

Etwas später war es dann endlich so weit: Ich wurde auf mein Zimmer geschoben, wo mein Partner mit unserem Baby im Arm auf mich wartete.

Schmerzen nach der Geburt hatte ich zum Glück kaum. Nachdem der Katheter entfernt wurde, bin ich aufgestanden und wollte nur noch nach Hause. Mehr zu kämpfen hatte ich hingegen mit dem Gefühl, dass ich mein Kind nicht selber auf die Welt gebracht habe. Ich kann nicht einmal sagen, wie sich Wehen anfühlen, ich hatte schließlich keine einzige. Diese Erfahrung wurde mir genommen, obwohl ich sie gerne gemacht hätte.

Natürlich bin ich dankbar dafür, dass mein Kind und ich gesund sind, dennoch war es nicht so leicht für mich, diese Geburtserfahrung zu verarbeiten.

Geplanter Kaiserschnitt

Bei einem geplanten Kaiserschnitt steht schon vor Geburtsbeginn fest, dass das Baby per Kaiserschnitt entbunden wird. Meist wird schon mehrere Wochen im Vorfeld ein Termin bestimmt, an dem das Baby geholt wird. Es wird versucht, diesen Termin möglichst nah an den errechneten Entbindungstermin zu legen, jedoch so weit davon entfernt, dass die Gefahr, dass die Geburt schon vorher einsetzt, möglichst gering ist.

Geplante Kaiserschnitte werden meist durchgeführt, weil
- es sich um eine Mehrlingsschwangerschaft handelt.
- die Mutter psychisch beeinträchtig ist (auch durch Angst).
- körperliche Beeinträchtigungen von Mutter oder Kind eine spontane Geburt zu gefährlich machen.

Wunschkaiserschnitt

Bei einem Wunschkaiserschnitt gibt es keinerlei medizinische Gründe, die für einen Kaiserschnitt sprechen. Laut der Gesellschaft für Gynäkologie und Geburtshilfe zählen hierzu nur Kaiserschnitte, die durchgeführt wurden, weil eine spontane Geburt aus beruflichen oder terminlichen Gründen nicht infrage kommt.

Viele Kaiserschnitte, die hier landläufig als Wunschkaiserschnitt bezeichnet werden, sind medizinisch gesehen eigentlich keine. Statistiken zu echten Wunschkaiserschnitten sind in Deutschland schwer zu erheben, da ein solcher Kaiserschnitt nicht von den Krankenkassen bezahlt werden würde. Somit geben viele Ärzte medizinische Gründe an, um die Kostenübernahme zu gewährleisten. Geschätzt wird, dass nur zwei bis drei Prozent der Kaiserschnitte allein auf Wunsch der Frau, ohne jegliche medizinische Notwendigkeit, durchgeführt werden.

„Ich habe mein Kind per Wunschkaiserschnitt geboren"

Larissa, 36 Jahre

Unser Kind war ein absolutes Wunschkind. Wir hatten mehr als zwei Jahre lang probiert, schwanger zu werden und hatten schon einen Termin in einer Kinderwunschklinik ausgemacht, als es ganz plötzlich doch noch spontan klappte.

Die Schwangerschaft war eine wunderschöne Zeit für mich, doch im Laufe der Schwangerschaft wurde mir klar, dass mein Kind nicht natürlich auf die Welt kommen würde.

Ich wollte einen festen Termin. Einen Tag, an dem ich genau planen kann, wann mein Baby auf die Welt kommt und ab wann ich Mama sein werde. Keine stundenlangen Schmerzen, keine Unsicherheit.

Ich wollte keine „natürliche" Geburt. Wir haben heutzutage die Freiheit zu wählen, warum soll ich das nicht tun?

Ich begann mich im Internet über den Kaiserschnitt zu informieren, und obwohl mir klar war, dass das nicht der „schmerzfreie Weg" sein würde, wusste ich, dass ich ihn will.

Als ich diese Entscheidung getroffen habe, war ich ungefähr in der 20. Schwangerschaftswoche. Ich hatte also noch viel Zeit, und viele Freunde und auch meine Ärztin und meine Hebamme sagten mir, dass ich meine Meinung sicherlich noch einmal ändern würde.

Nur meinem Mann war klar, dass ich es ernst meinte, und zum Glück unterstütze er mich aus vollstem Herzen.

Von nun an sprach ich meine Frauenärztin bei jedem Termin auf den Wunschkaiserschnitt an. Ich wusste, dass ich eine Überweisung von ihr bräuchte, damit ich mich im Krankenhaus vorstellen kann und die Krankenkasse die Kosten übernimmt. Ich sagte ihr dabei, dass ich sehr große Angst vor der Geburt hätte.

Anfangs wurde ich immer wieder vertröstet. Ich würde es mir doch sicherlich noch einmal überlegen wollen. Ich sei doch gesund und einer natürlichen Geburt stehe nichts im Wege.

Erst kurz vor dem ET (ich war schon total verzweifelt) erkannte meine Ärztin, dass ich meine Meinung nicht ändern würde. An dem Tag nahm sie sich besonders viel Zeit und erzählte mir von all den Risiken, die ein Kaiserschnitt mit sich bringen würde. All den Vorteilen einer natürlichen Geburt.

Ich wusste das alles und meine Entscheidung stand trotzdem fest.

Letztendlich bekam ich also meine Überweisung.

39+3 konnte ich dadurch erst zur Klinik, und ab da ging es dann schnell: Einen Tag später hatte ich den Termin für die Beratung und Aufklärung zu Narkose und Nebenwirkungen, und der Kaiserschnitt wurde auf den nächsten Tag gelegt.

In der Nacht war ich sehr aufgeregt und konnte kaum schlafen.

Bei 39+5 wurde morgens noch ein CTG gemacht, und dann ging es auch direkt los. Ich bekam die PDA, und schon wenig später spürte ich ab der Brust abwärts nichts mehr.

Die OP an sich dauerte nur einige Minuten, und dann sah ich das erste Mal mein Baby.

Während ich zugenäht wurde, durfte mein Baby schon auf meinem Oberkörper liegen, und ich konnte meinen Blick nicht abwenden. Noch nie habe ich etwas so Schönes und so Perfektes erlebt.

Die ersten Tage nach dem Kaiserschnitt hatte ich natürlich Schmerzen, diese wurden aber sehr schnell besser. Leider heilte meine Narbe nicht sehr gut, und der Schnitt war auch einige Monate nach der OP noch deutlich sichtbar und (in meinen Augen) nicht sehr schön.

Trotzdem würde ich mich auch beim nächsten Mal für diesen Weg entscheiden.

Geburtsverarbeitung

Egal wie sehr man sich im Vorfeld mit der Geburt beschäftigt hat, egal wie viel man geplant und sich informiert hat – am Ende kommt es in sehr vielen Fällen anders, als man denkt.

Die interventionsfreie Geburt

Viele Frauen wünschen sich eine spontane Geburt ohne medizinische Intervention. Wenn man sich jedoch Statistiken anschaut, dann sind diese Geburten die Minderheit. Clarissa M. Schwarz, Professorin für Hebammenkunde an der Hochschule für Gesundheit in Bochum, stellte schon 2004 die Frage, ob die Technisierung der Geburtshilfe zu weit gegangen ist. Damals wertete sie Daten von mehr als einer Million Geburten aus und kam zu dem Ergebnis, dass

- ein CTG unter der Geburt Normalität geworden ist (98,8 Prozent, meist sogar als Dauer-CTG).
- der spontane Wehenbeginn selten abgewartet wurde, in 23,4 Prozent der Fälle wurde mithilfe geburtseinleitender Maßnahmen beschleunigt.
- die Geburt an sich in vielen Fällen medikamentös, mithilfe eines Wehentropfs, beschleunigt wurde (ca. 40 Prozent).
- bei über der Hälfte der Frauen (52,1 Prozent) ein Dammschnitt gemacht wurde.
- jede fünfte Frau ihr Kind per Kaiserschnitt auf die Welt brachte.

Die Daten wurden zudem mit Daten von früheren Jahren verglichen, um festzustellen, ob es einen Anstieg oder Rückgang zu verzeichnen gibt. Dabei wurde deutlich, dass die Interventionsrate stetig gestiegen ist.

Praktisch bedeutet das für Frauen, dass ihr Wunsch nach einer selbstbestimmten, interventionsfreien Geburt oft nicht in Erfüllung geht.

Diese Erfahrungen sorgen bei betroffenen Frauen nicht selten für Schuldgefühle und das Gefühl, versagt zu haben. Die „natürliche" Geburt ohne medikamentöse Eingriffe wird in unserer Gesellschaft als das Nonplusultra hochstilisiert, und gleichzeitig erlebt kaum eine Frau eine solche. Natürlich wäre es wünschenswert, dass Eingriffe nur dann durchgeführt würden, wenn sie wirklich notwendig wären; genauso wünschenswert wäre es jedoch, wenn Geburtserfahrungen nicht als Leistung bewertet werden würden.

Eine Geburt ist kein Wettbewerb

Man ist keine bessere Mutter, wenn man sein Kind ohne Schmerzmittel und Dammschnitt auf die Welt gebracht hat. Man ist auch
keine schlechtere Mutter, wenn man einen Kaiserschnitt hatte.

Wenn man sich Statistiken und Zahlen anschaut, dann wird schnell
deutlich, dass es nicht unbedingt von der Mutter oder den körperlichen Gegebenheiten abhängt, welche und wie viele Interventionen
durchgeführt werden.

Aber die Mutter ist diejenige, die sich von ihren eigenen Ansprüchen, ihren Wünschen und Vorstellungen losmachen sollte, um sich
selbst den Start ins „Mamasein" nicht zu erschweren.

Geburten sollten kein Wettbewerb sein.

Unser Gesundheitssystem und die Art, wie wir Geburten betrachten und begleiten, sollten überdacht werden, aber für Mütter sollte
immer klar sein: Sie und ihr Körper leisten Großartiges. Egal ob
dabei Ärzte oder Hebammen unterstützen oder nicht.

Jede Mutter, die ihr Kind auf die Welt bringt, hat das Recht, stolz
auf sich und ihren Körper zu sein. Keine Geburt ist einfach.

In der Realität ist es jedoch oft so, dass Frauen nach der Geburt ent-
täuscht sind. Weil sie eben doch ein Schmerzmittel wollten. Weil
doch ein Dammschnitt gemacht wurde. Weil es doch in einem Kaiserschnitt endete.

Stolz auf sich sein

Ich finde es extrem wichtig, dass wir als Frauen in dieser Situation sehen, was wir geleistet haben, und nicht nur das, was wir uns anders vorgestellt hätten. Wir haben ein Kind geboren.

Auch unser Umfeld sollte uns signalisieren, dass es keinen Unterschied macht, wie wir unser Kind geboren haben.

Wenn man dennoch unter starken negativen Gefühlen leidet und sich mit den Geburtserfahrungen nicht arrangieren kann, sollte man über diese Gefühle und Gedanken reden. Die eigene Hebamme kann ein guter Ansprechpartner sein, ebenso wie die behandelnde Ärztin oder auch der Partner oder eine Freundin.

Wer die gemachten Erfahrungen als traumatisch erlebt, der sollte sich unbedingt professionelle Hilfe suchen. Leider ist auch heute noch Gewalt unter der Geburt nicht komplett aus den Kreißsälen verschwunden.

Gewalt unter der Geburt

Ein Thema, das erschreckend viele Frauen betrifft und darum momentan sehr präsent in den Medien ist. Dabei geht es sowohl um verbale als auch um physische Gewalt. Aussagen wie „Jetzt stell dich nicht so an!" oder „Du hast es dir doch selber ausgesucht!" sollten in der Geburtshilfe nicht vorkommen, denn sie bewirken, dass man sich als Frau unwohl und unter Druck gesetzt fühlt.

Physische Gewalt wird dann angewandt, wenn Frauen zu Interventionen gedrängt werden, die sie eigentlich nicht wollen, oder wenn diese gar durchgeführt werden, ohne das Einverständnis der Frau einzuholen.

In Deutschland gilt auch unter der Geburt, dass Frauen mündig sind und selber entscheiden sollen und können, welche Interventionen (Schmerzmittel, Eingriffe) sie möchten und welche sie ablehnen.

Dennoch kommt es vor, dass Ärzte zu Mitteln greifen, ohne die Frau genügend aufzuklären und ihre Zustimmung zu erfragen. Natürlich gibt es Fälle, in denen ein rasches Eingreifen notwendig ist, und generell sollte man davon ausgehen, dass Ärzte, Pfleger und Hebammen im Interesse der Gesundheit von Mutter und Kind handeln.

Trotzdem muss anerkannt werden, dass eine Geburt ein sehr intimer Vorgang ist und Frauen sich in dieser Situation schnell ausgeliefert und hilflos fühlen können.

Eine negative Geburtserfahrung kann den Start in die Babyzeit erheblich beeinflussen, und betroffene Frauen sollten schnell und unkompliziert Hilfe erhalten. Dabei geht es nicht um eine objektive Einschätzung, ob wirklich Gewalt angewandt wurde, sondern darum, dass die subjektive Einschätzung der Frau ernst genommen wird und sie Hilfe erhält, diese zu verarbeiten.

Gewalt vorbeugen

Gewalt unter der Geburt können wir nur bedingt vorbeugen, da wir selten Einfluss darauf haben, welcher Arzt und welche Hebamme uns betreuen wird. Dies geht nur, wenn ich mich für eine Beleghebamme entscheide oder eine spezielle Versicherung abgeschlossen habe. Alternativ ist es natürlich möglich, sein Kind im Geburtshaus oder zu Hause zu gebären. In diesem Fall kennt man die Hebamme schon aus der Schwangerschaft.

Für Geburten in Kliniken ist es möglich, die Klinik zuvor zu besichtigen und sich mit anderen Müttern über Erfahrungen auszutauschen. Da wir frei wählen können, in welcher Klinik wir entbinden, kann man sich durchaus für die Klinik entscheiden, in der man sich einfach wohler fühlt. Wer einen Geburtsplan schreibt und diesen mit in die Klinik nimmt, kann zudem einige Punkte schon im Vorfeld abklären.

Mit Gewalterfahrungen umgehen

Frauen, die Gewalt unter der Geburt erlebt haben, sollten sich Hilfe suchen. Hilfreich kann es sein, wenn man über das Erlebte mit der eigenen Hebamme oder dem Gynäkologen sprechen kann. Unter Umständen kann es nötig sein, sich psychologische Unterstützung zu suchen.

Hilfe bekommen Betroffene auch beim Verein „Licht & Schatten", einer Initiative, die sich mit Krisen rund um die Geburt befasst.

Auf jeden Fall sollte man solche Erfahrungen nicht einfach hinnehmen und totschweigen. Frauen haben auch unter der Geburt Rechte, und für diese sollten wir kämpfen.

Außerdem können unbearbeitete Gewalterfahrungen bei der Geburt Traumata bis hin zu posttraumatischen Belastungsstörungen auslösen oder dazu führen, dass Frauen sich gegen weitere Kinder entscheiden, weil sie Angst vor einer Geburt haben.

Die ersten Stunden danach

Direkt nach der Geburt ist man meist von Hormonen überlaufen. Der Körper ist erschöpft, das Herz voll. Wir sehen zum ersten Mal unser Baby. Halten es im Arm. Vielleicht können wir noch gar nicht fassen, dass die Schwangerschaft nun vorbei und das Baby auf der Welt ist.

Auch Babys sind nach der Geburt oft erschöpft und schlafen zunächst lang und ausgiebig. Auch für sie ist die Umstellung enorm: War es eben noch warm, abgedunkelt, gedämpft und jedes Bedürfnis direkt gestillt, müssen sie sich nun an die laute, helle, kühle Welt gewöhnen, in der sie Nahrung über den Mund zu sich nehmen müssen und eine ganz andere Verdauung haben.

Die Sinnesorgane unseres Babys werden sich erst in den kommenden Tagen, Monaten und Jahren voll entwickeln, dennoch können schon Neugeborene außerordentlich viel wahrnehmen.

Ihre Mama erkennen Babys direkt nach der Geburt anhand der Stimme und des Geruchs. Ganz nah an ihrem Körper fühlen sie sich am wohlsten und schlafen sie am liebsten. Auch wenn es zunächst so wirken mag, als würde das Baby gar nicht unterscheiden, wer es gerade auf dem Arm hat, einige Unterschiede nimmt das Kind schon in diesem jungen Alter wahr.

Für alle beginnt nun ein neuer Abschnitt.

DAS WOCHENBETT

Als Wochenbett bezeichnet man die ersten Wochen
nach der Geburt. Während des Wochenbetts sollten
Mutter und Kind sich erholen, Geburtsverletzungen
heilen und die Familie zusammenfinden. Praktisch ist
dies jedoch oft schwierig.

Oft müssen Partner schon bald nach der Geburt wieder arbeiten, und Mutter und Kind bleiben alleine oder mit älteren Geschwistern zu Hause. Für die Mutter ist es dann schwer bis unmöglich, viel Zeit im Bett zu bleiben und ganz in Ruhe anzukommen.

Hilfreich ist es, wenn man in solchen Fällen Unterstützung hat. Die eigene Mutter oder Schwiegermutter, eine gute Freundin oder auch eine bezahlte Putzhilfe. Es besteht auch die Möglichkeit einer Hilfe, die von der Krankenkasse bezahlt wird.

Es gibt auch ein bisschen was an Papierkram, das während des Wochenbetts erledigt werden sollte. Die Geburtsurkunden müssen beantragt werden (manchmal macht das die Klinik, in der entbunden wurde, automatisch, dann muss die Urkunde nur beim Standesamt abgeholt werden), der Elterngeldantrag muss eingereicht werden und das Kindergeld sollte beantragt werden. Zwar hat man sowohl für Elterngeld als auch für Kindergeld Zeit – solange aber nichts beantragt wird, erhält man auch kein Geld.

Zudem gibt es zwei wichtige Termine, die in die Zeit des Wochenbetts fallen: die U3 und die U4. Die U3 sollte zwischen dem 3. und 10. Lebenstag durchgeführt werden, die meisten Frauen sind in dieser Zeit noch im Krankenhaus. Dort kann die Untersuchung ohne Umstände durchgeführt werden. Wer allerdings ambulant, im Geburtshaus oder zu Hause entbindet, sollte daran denken, einen Termin beim Kinderarzt zu machen. Die U4 sollte zwischen der 4. und 6. Lebenswoche durchgeführt werden und fällt somit ans Ende der Wochenbettzeit.

Der Sinn des Wochenbetts

In der Zeit des Wochenbetts soll man sich von den Strapazen der Geburt erholen, und die Bindung zwischen Eltern und Kind soll aufgebaut und gefestigt werden. Die Zeit dient der Heilung, Regeneration und Ankunft. Das Baby muss langsam in dieser Welt ankommen, Frau und Mann werden zu Mutter und Vater.

Damit das Wochenbett auch wahrgenommen wird, haben Frauen die ersten acht Wochen nach der Geburt ein absolutes Beschäftigungsverbot. Selbst wenn sie wollten, dürften sie in dieser Zeit nicht arbeiten gehen. Geld erhält man (als Angestellte) während dieser Zeit von der Krankenkasse, für alle anderen Fälle gibt es Sonderregelungen.

Als Familie zusammenwachsen

Primär dient das Wochenbett dazu, Familien einen geschützten Rahmen zu bieten, in dem sie zueinanderfinden können. Jetzt, wo das Baby da ist, müssen Rollen neu verteilt und gefunden werden. Alles steht erst einmal auf dem Kopf und nichts ist, wie es war.

Als Familie zusammenzufinden, ist für die einen ganz leicht und für andere mit viel Mühe verbunden. Manchmal fügt sich alles wie von selbst, und der Alltag klappt einfach, oft gibt es aber auf einmal hier oder da Probleme. Frühere Routinen funktionieren nicht mehr und müssen ersetzt werden. Alte Gewohnheiten werden aufgebrochen.

Zu den alten Aufgaben, die ein Haushalt und eine Beziehung so mit sich bringen, kommen nun einige neue, die ebenfalls verteilt werden müssen. Füttern, Windeln wechseln, Ankleiden, Waschen, sich mit dem Kind beschäftigen und einiges mehr.

Anfangs schläft das Baby sehr viel – allerdings nicht unbedingt in der Nacht. Einen Tag-Nacht-Rhythmus hat es noch nicht, und zunächst gilt es, sich völlig auf den Rhythmus des Kindes einzulassen.

Wenn die Mutter sich entschließt zu stillen, dann wird sie die erste Zeit komplett für die Ernährung des Kindes zuständig sein. Dafür könnte man absprechen, dass der Vater im Gegenzug öfter die Windeln wechselt. Wie man dies löst, ist von Familie zu Familie unterschiedlich, wichtig ist jedoch, dass man Absprachen trifft, und vor allem während des Wochenbetts sollte die Frau viel Unterstützung erhalten.

Erholung für den Körper

Sportliche Aktivitäten sollten während des Wochenbetts stark eingeschränkt werden. Der Körper der Frau muss bei einer Geburt Höchstleistungen bringen: Bei einer vaginalen Geburt müssen sich nicht nur die Scheide, das Becken und der Gebärmutterhals öffnen und weiten, sondern auch die komplette Beckenbodenmuskulatur.

Nach der Geburt kann man diese Dehnung spüren: Wenn man zum ersten Mal aufsteht oder auf die Toilette geht, merkt man, dass das Gewebe geschwächt ist. Ein Druck nach unten, den man so nicht kennt. Beim Niesen oder Lachen Urin nicht halten können. All dies sind Zeichen dafür, dass die Beckenbodenmuskulatur nicht mehr in Form ist.

Im Rückbildungskurs, den man im Idealfall einige Wochen nach der Geburt besucht, lernt man, diese Muskeln bewusst anzuspannen und zu trainieren. Sie sind extrem wichtig, da sie dafür sorgen, alle unteren Körperöffnungen zu verschließen.

Betreuung im Wochenbett

In Deutschland wird man während des Wochenbetts in der Regel durch eine Hebamme betreut, was viele Frauen als extrem entlastend und hilfreich erleben. Sie übernimmt die Wundversorgung bei der Frau, kann viele Fragen beantworten und hat einen Blick auf die Entwicklung des Babys.

Da immer weniger Hebammen frei arbeiten, wird es jedoch für Frauen teilweise immer schwieriger, eine Hebamme für die Nachsorge zu finden. Besonders in Großstädten wird darum geraten, schon mit dem positiven Schwangerschaftstest eine Hebamme für die Betreuung während der Schwangerschaft und nach der Geburt zu suchen.

Was man im Wochenbett braucht

Im Wochenbett braucht man in erster Linie zwei Dinge: ganz viel Zeit und Ruhe.

„Die ersten Wochen waren schrecklich"

Julia, 29 Jahre

Ich hatte eine sehr unkomplizierte Schwangerschaft, und unser Kind war ein absolutes Wunschkind. Die Geburt dauerte nicht lang, war aber sehr schmerzhaft, und ich erlitt Verletzungen, die mir noch lange zu schaffen machten.

Unser Baby schrie die ersten Wochen sehr viel. Es gab Verdauungsprobleme, und es ließ sich absolut nicht ablegen. Mein Mann und ich verzweifelten regelmäßig in den Nächten und waren durchgehend übermüdet und erschöpft.

Zum Glück war mein Mann die ersten fünf Wochen zu Hause, ansonsten weiß ich nicht, wie ich diese Zeit hätte überstehen sollen.

Wenn ich rückblickend an das Wochenbett denke, dann bin ich froh, dass diese Zeit vorbei ist. Ich fühlte mich so oft unglaublich hilflos und unfähig. Ich konnte unser Kind nicht beruhigen und hatte das Gefühl, dass es völlig egal war, was ich tat.

Wenn ich mit anderen Müttern sprach, fühlte ich mich oft wie ein Alien. Natürlich schrien auch ihre Kinder, aber sie alle konnten ihre Kinder auf die eine oder andere Weise beruhigen.

Bei uns wurde es erst besser, als unser Baby älter wurde. Mit der Zeit schlief es besser, und auch die Verdauungsbeschwerden ließen nach. Ich gewann etwas Selbstvertrauen und merkte langsam, wie mein Kind auf mich reagierte, sich schneller beruhigte, wenn ich etwas vorsang und zufrieden war, wenn ich es im Arm hielt.

Trotzdem war ich lange Zeit sehr schnell verunsichert und brach in Schweiß aus, wenn unser Kind anfing zu weinen.

Heute sind wir zufrieden und glücklich, unser Kind wird aber – nicht nur, aber auch – aufgrund dieser Erfahrungen Einzelkind bleiben.

Zeit und Ruhe

Das Wochenbett ist ein Ausnahmezustand. Und als solchen sollte man es auch betrachten. Der Haushalt darf in diesen Wochen liegen bleiben. Es ist okay und ganz normal, wenn man während dieser Zeit die sonstige Routine nicht schafft.

Putzen, Kochen, Abwaschen, Wäsche machen – all das sind Tätigkeiten, die (wenn möglich) der Partner oder jemand anderes eine Zeit lang übernimmt. Und wenn das nicht geht und erst einmal einiges liegen bleibt, dann ist das auch nicht schlimm.

Einige Familien organisieren auch für die erste Zeit nach der Geburt eine Putz- oder Haushaltshilfe, so was ist klasse und kann Frauen deutlich entlasten.

Vollbäder sind in der Zeit während des Wochenflusses tabu, und Duschen fällt vielen Frauen zu Anfang schwer. Dass man es zunächst oft bei einer Katzenwäsche belässt, ist also nichts Ungewöhnliches.

Nahrung

Egal ob Frau stillt oder nicht, im Wochenbett ist es nicht nur wichtig, dass das Baby gut versorgt wird, auch die Frau sollte gut und nahrhaft essen.

Da man nach einer Geburt aber nicht unbedingt stundenlang am Herd stehen kann, ist es toll, wenn der Partner, die eigene Mutter, Oma oder eine Freundin einspringt und kocht oder man vorgesorgt hat, indem man während der Schwangerschaft vorgekocht und eingefroren hat.

Mittlerweile gibt es auch Unternehmen, wie zum Beispiel „gesund und Mutter", die sich darauf spezialisiert haben, Frauen im Wochenbett mit leckerem und nahrhaftem Essen zu versorgen.

Auch für zwischendurch sollte immer etwas Kleines bereitliegen. Super eignen sich dafür zum Beispiel Stillkugeln, die viel Energie liefern, sich lange halten und die man einfach selber machen kann.

Rezept für Stillkugeln

Für etwa 90 bis 100 Kugeln:

- 500 g Getreideflocken (Hafer, Weizen, Gerste, Dinkel nach Belieben mischen)
- 150 g gekochter Vollkornreis
- 175 g weiche Butter
- 150 g Honig
- Etwas Wasser
- Nach Belieben Nüsse, Samen oder Trockenfrüchte

Zubereitung:

1. Koche zunächst den Reis (ungekocht etwa 60 g) und röste dann die Getreideflocken portionsweise in einer Pfanne. Sie sind gut, wenn sie angenehm nach Popcorn duften.

2. Gib den Reis und die Getreideflocken (noch warm!) in eine große Schüssel und füge den Honig und die Butter hinzu. Warte, bis alles ein wenig abgekühlt ist.

3. Knete die Masse und gib nach und nach etwas Wasser hinzu, bis du das Gefühl hast, dass sich alles bindet und du Kugeln formen kannst.

4. Forme Kugeln aus der Masse und wälze diese in Kokosflocken, Kakao, gemahlenen Nüssen oder Samen und setze sie in kleine Pralinenförmchen.

Besuch

Wenn man ein Baby bekommt, dann freuen sich viele Verwandte und Freunde darauf, dieses Kind möglichst bald nach der Geburt kennenzulernen. Doch Besuch ist immer auch ein Stressfaktor. Wenn man noch geschafft von der Geburt ist, gerade erst zu Hause ankommt und eigentlich nur ausruhen möchte, sollten Besucher noch etwas warten.

Dabei entscheiden ganz allein Mama, Papa und das Baby, wann sie bereit für Besucher sind und wie lange diese bleiben dürfen. Manch einer möchte auch nach der Geburt gerne Menschen um sich haben, andere fühlen sich auch nach drei Wochen noch nicht fit genug dafür.

Am einfachsten ist es, wenn man mit Verwandten und Freunden bespricht, dass diese gerne auf Einladung zu Besuch kommen können. Manche Familien hängen auch ein Schild an die Haustür, auf dem steht, ob Besuch gerade erwünscht ist oder ungelegen kommt.

Falls Besuch zunächst nicht erwünscht ist, können uns Handys und Computer dabei helfen, Verwandte und Freunde dennoch einzubeziehen: Über Fotos des Babys (und von Mama und Papa) freuen sich sicherlich alle, und auch kurze Videos können die Zeit, bis die junge Familie bereit für Besuch ist, überbrücken und verkürzen.

Wenn die Eltern nicht wünschen, dass diese Fotos und Videos weiter versendet oder in sozialen Netzwerken wie Facebook veröffentlicht werden, ist es sinnvoll, dies klar zu kommunizieren, um sich nicht im Nachhinein zu ärgern. Niemand teilt diese Bilder in böser Absicht, vielmehr stehen dahinter Freude und Liebe. Trotzdem haben die Eltern natürlich ein Recht darauf, die Verbreitung der Bilder zu untersagen.

Weitere nützliche Dinge

Darüber hinaus gibt es jedoch ein paar Helferlein, die einem die ersten Tage und Wochen erleichtern können:

- Binden für den Wochenfluss (Egal ob man per Kaiserschnitt oder spontan entbunden hat, der Wochenfluss ist sehr stark und dauert länger als eine normale Periode.). Binden sollten besonders groß und möglichst ohne Plastik sein (zum Beispiel von Pelzi), Tampons darf man nicht benutzen.
- Große Oma-Unterhosen, die die Binden an Ort und Stelle halten (und zur Not entsorgt werden können)
- Bequeme Kleidung, die auch mal dreckig werden darf (Am Anfang spucken viele Babys oder beim Wickeln geht etwas daneben. Auch die Brüste laufen oft aus.)
- Etwas zur Unterhaltung. Zu Anfang wird das Baby viel schlafen und trinken. Die Mutter sollte diese Zeit nutzen, um sich zu erholen und, wenn sie kann, ebenfalls schlafen. Doch wenn man nicht mehr müde ist (zumindest nicht müde genug, um einzuschlafen) und das Baby lange genug betrachtet hat, kann ein gutes Buch oder ein schöner Film eine willkommene Abwechslung sein.
- Spucktücher. Spucktücher sind die Geheimwaffe einer frischgebackenen Mama. Mit ihnen kann man nicht nur die eigene Kleidung oder Polster und Kissen vor Flecken schützen, sondern auch alles abwischen, es als Taschentuch oder (Wickel-)Unterlage verwenden.
- Für Stillmamas: Still-BH, Stilleinlagen, Stillkissen, Brustwarzensalbe, Stilltee, eventuell Fläschchen und eine Pumpe
- Für Flaschenmamas: Pre-Nahrung, Flaschen, Stillkissen. Ein Mikrowellen-Sterilisator kann in den ersten Wochen viel Arbeit erleichtern.

„Mein Wochenbett war erholsam und schön"

Regina, 30 Jahre

Als mein Mann und ich mit unserem Baby nach Hause kamen, begann für uns eine Zeit, die ich immer in guter Erinnerung haben werde. Mein Mann hat sich zwei Monate Elternzeit genommen und war so acht Wochen lang mit uns zusammen zu Hause.

Wir haben das gemeinsam so entschieden, da ich die erste Zeit einfach für uns als Familie haben wollte. Natürlich entstehen uns dadurch finanzielle Nachteile, und wir müssen etwas sparen, da wir weniger Geld haben, als wenn mein Partner arbeiten würde. Aber manchmal kann man gemeinsame Zeit einfach nicht in Geld aufwiegen.

Heute weiß ich, dass das genau die richtige Entscheidung war. Ich konnte viel liegen, den Haushalt übernahm zu großen Teilen mein Mann. Er verbrachte aber auch viel Zeit mit unserem Baby, und ich habe heute das Gefühl, dass in dieser Zeit ein sehr inniges Band zwischen den beiden entstand.

Unser Wochenbett war sehr ruhig, wir haben nur von der engen Familie und sehr guten Freunden Besuch erhalten. Wir haben uns keinen Stress gemacht und kaum etwas unternommen – und genau das war perfekt.

Zu Hause sein, viel kuscheln, viel schlafen, viel liegen. So stellte ich mir mein Wochenbett vor und genauso war es. Meine Hebamme kam regelmäßig, und meine Geburtsverletzungen heilten zum Glück sehr gut. Natürlich hatte ich Schmerzen, und die Hormone sorgten dafür, dass ich nicht nur einmal plötzlich in Tränen ausbrach, aber ich fühlte mich dennoch wohl und war zufrieden.

Der Babyblues („Heultage")

Etwa zwei bis vier Tage nach der Geburt überkommt die meisten Frauen plötzlich eine Phase, in der sie bei jeder Kleinigkeit in Tränen ausbrechen. Im einen Moment sind sie total glücklich und zufrieden, im nächsten ein Häufchen Elend.

Hormone als Ursache

Diese Stimmungsumschwünge sind hormonbedingt: Die Plazenta, die kurz nach dem Baby geboren wurde, war während der Schwangerschaft nicht nur dafür zuständig, das Baby zu versorgen, sondern hat auch jede Menge Hormone produziert. Mit dem Ausstoßen der Plazenta stoppt diese Hormonproduktion abrupt.

Da in der ersten Zeit noch genug Hormone im Blut sind, setzt der „Entzug" erst einige Tage nach der Geburt ein. Hinzu kommt, dass meist um die gleiche Zeit der Milcheinschuss stattfindet und die Brüste schmerzhaft prall sind. Auch der Schlafmangel macht sich nun langsam bemerkbar und sorgt dafür, dass die Stimmung schneller kippen kann, als den meisten selber lieb ist.

Den Babyblues überstehen

Der Babyblues dauert in den meisten Fällen nur einige Tage und verschwindet dann wieder. Nützlich ist es, wenn man den Partner schon im Vorfeld darüber aufklärt, was im Körper passiert und wie sich dies äußern kann. Unterstützung ist in dieser Zeit besonders wichtig und hilft dabei, dass diese Tage gut überstanden werden.

Der Babyblues muss nicht psychologisch behandelt werden und hat nichts mit der Wochenbettdepression zu tun, bei der Betroffene wirklich fachliche Unterstützung benötigen. Wenn die Gefühle aber mehrere Wochen andauern, Antriebslosigkeit, Hoffnungslosigkeit oder gar Selbstmordgedanken hinzukommen, sollte in jedem Fall psychologische Hilfe gesucht werden.

Die Wochenbettdepression (postpartale Depression)

Den Babyblues, der fast jede Frau betrifft, sollte man von der Wochenbettdepression abgrenzen, da Letztere dringend behandlungsbedürftig ist.

Etwa 10-20 Prozent der Mütter sind von einer Wochenbettdepression betroffen und auch rund vier Prozent der Väter. Die Betroffenen sind antriebslos, berichten von inneren Leeregefühlen, sehr ambivalenten Gefühlen gegenüber dem Kind und Hoffnungslosigkeit. Sie haben Probleme damit, Entscheidungen zu treffen und Tötungsgedanken (entweder auf sich, das Kind oder andere Familienmitglieder bezogen) können vorkommen. Traurigkeit, Schuldgefühle und körperliche Symptome wie Kopfschmerzen, Zittern, Schwindel, Konzentrations- und Schlafstörungen können ebenfalls Teil des Krankheitsbildes sein.

Besonders gefährdet sind Frauen und Männer, die schon vor oder während der Schwangerschaft unter psychischen Erkrankungen litten.

Hilfe ist notwendig

Sollte man den Verdacht haben, dass man selber oder der Partner/ die Partnerin unter einer Wochenbettdepression leidet, sollte dringend Hilfe gesucht werden.

Eine postpartale Depression wird nicht von alleine abklingen und macht die angemessene Versorgung des Säuglings nahezu unmöglich.

HILFE BEI POSTPARTALEN DEPRESSIONEN

In Deutschland ist es manchmal leider nicht so leicht, schnell und unkompliziert Hilfe bei Depressionen oder anderen psychischen Erkrankungen zu erhalten. Die erste Anlaufstelle sollte immer der behandelnde Hausarzt oder Frauenarzt sein. Sie können weitere Schritte empfehlen.

Mögliche Mutter-Kind-Aufnahmestellen bei postpartalen psychischen Erkrankungen findest du zudem auf der Website der Marcé Gesellschaft (marce-gesellschaft.de/adressen).

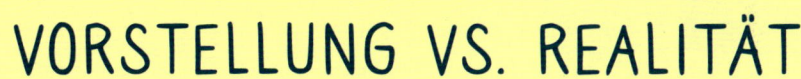

VORSTELLUNG VS. REALITÄT

Und dann ist es also da. Das Baby. Man wird aus dem Krankenhaus entlassen. Kommt nach Hause. Und langsam merkt man, dass es alles so ganz anders ist, als man es sich vorgestellt hat. Dass man nicht den ganzen Tag glücklich und zufrieden ist. Dass man an die eigenen Grenzen kommt, erschöpft ist und manchmal sogar das alte Leben vermisst.

Regretting Motherhood

Regretting Motherhood steht für ein Phänomen, das Orna Donath als Erste erforschte. Sie interviewte Mütter, die zugaben, dass sie es bereuen würden, Kinder bekommen zu haben. Hätten sie die Möglichkeit, die Zeit zurückzudrehen und sich gegen ihre Kinder zu entscheiden, so würden sie dies tun.

Das alte Leben hin und wieder zu vermissen, ist jedoch nicht mit Regretting Motherhood zu vergleichen. Nein, man bereut es nicht, Mutter geworden zu sein. Aber man vermisst die Freiheit, den Luxus (den man vorher oft nicht zu schätzen wusste) des Lebens ohne Kinder. Genug Schlaf. Ausgehen, wann und wohin man wollte. Soziale Kontakte, wann immer einem der Sinn danach stand. Kleidung ohne Flecken.

Sich schuldig fühlen

Und gleichzeitig fühlt man sich direkt schuldig, wenn diese Gedanken aufkommen. Denn man hat sich dieses Kind so sehr gewünscht. Hatte vielleicht eine längere Kinderwunschzeit, während der man unglücklich war. Während der man dachte, dass man nur ein Kind bräuchte, um endlich glücklich zu sein. Um das Leben perfekt zu machen.

Und nun, wo das Kind da ist, ist plötzlich alles anders, als man sich das vorstellte und als man es auch oft durch die Medien und den Freundeskreis vermittelt bekommt.

Das alte Leben vermissen

Denn kaum jemand redet offen über dieses „Vermissen". Stattdessen wird überall betont, wie sehr man sein Kind liebt. Dass man sich ein Leben ohne dieses wunderbare Wesen nicht mehr vorstellen kann.

Und ja, diese Aussagen sind natürlich richtig, und es gibt nur sehr wenige Eltern, die es tatsächlich bereuen, Eltern geworden zu sein. Dennoch sind auch die anderen Gefühle normal. Wahrscheinlich hat jeder sie mal – in unterschiedlichen Ausführungen und Ausprägungen.

Aber es ist schwierig, offen zu sagen, dass man seine Arbeit vermisst. Den Kontakt mit den Arbeitskollegen. Schnell geht das Gespräch dann in eine Richtung, in der der Mutter unterstellt wird, dass es doch besser gewesen wäre, keine Kinder zu bekommen.

Übersehen wird dabei, dass es durchaus möglich ist, beides zu fühlen: Auf der einen Seite die bedingungslose Liebe zu seinem Kind, das man nicht missen möchte und auf der anderen Seite Traurigkeit darüber, dass man etwas nicht mehr hat, was vorher selbstverständlich war.

Die Krux mit dem Wunschkind

Wer sich lange ein Kind wünschte, diesen Wunsch auch Freunden und Familie mitteilte und nun endlich dieses Kind im Arm hält, der erfährt nur selten Verständnis, wenn er sich dann beklagt.

Das ist verständlich, für Außenstehende erscheint es paradox, wenn man erst unglücklich war, weil man sich ein Kind wünschte und dann, wenn das Kind da ist, trotzdem nicht glücklich ist.

Dabei wird jedoch außer Acht gelassen, dass diese Gefühle dennoch dazugehören und normal sind. Auch Eltern, die sich lange ein Kind gewünscht haben, sind müde. Auch dann verzweifelt man irgendwann, wenn sich das Kind einfach nicht beruhigen lässt.

Während Frauen, die ungeplant schwanger wurden, gefühlt mehr Mitgefühl erhalten, wird Frauen, die geplant schwanger wurden, nun gesagt, dass sie einfach nie zufrieden seien oder es sich doch so ausgesucht hätten.

Für die Frau ist das doppelt schwer: Zum einen möchte man ja glücklich sein und fühlt sich schlecht, weil man nicht glücklich ist, zum anderen zeigt einem die Rückmeldung der anderen, dass die eigenen Gefühle falsch seien.

Ein neuer Abschnitt ist immer auch ein Abschied

Ich bin überzeugt davon, dass wir in dieser Situation nicht zu hart zu uns sein und auch nicht zu viel hineininterpretieren sollten. Denn der Beginn eines neuen Abschnitts ist immer auch ein Abschied. Und ein Abschied ist oft schwer. Ganz gleich, wie wundervoll der neue Abschnitt auch sein mag.

Wir dürfen unserem alten Leben ein bisschen hinterhertrauern. Es ist okay, zu sagen, dass vorher ein paar Dinge besser waren. Es macht dich nicht zu einer schlechten Mama, wenn dir gewisse Sachen aus dem alten Leben fehlen.

Wichtig ist lediglich, dass wir niemals unserem Kind die Schuld geben. Wir haben uns entschieden, dass wir dieses Kind bekommen möchten und somit aktiv diesen Lebenswandel in Gang gesetzt.

Austausch unter Müttern

Wünschenswert wäre es, sich auch über solche Gefühle offen mit anderen Müttern austauschen zu können. Sie sollten doch besonders gut verstehen, dass diese Gefühle normal sind und dazugehören.

Leider scheint Empathie unter Müttern manchmal zu fehlen. Eine Mutter, die ihre Arbeit vermisst, bekommt selten Verständnis von anderen Müttern, denen es nicht so geht. Einer Mutter, die sich darüber beklagt, dass sie keine Lust hat, ständig nur über Windelinhalte zu sprechen, wird gar vorgeworfen, dass sie abgehoben sei.

Mittlerweile ändert sich zum Glück viel, und es entstehen offene Diskurse, bei denen Frauen ehrlich und fair zueinander sind. In sozialen Netzwerken kann man sehen, dass Frauen für andere Frauen Partei ergreifen oder versuchen, sich in andere hineinzufühlen, deren Meinung sie sonst nicht teilen. Dennoch ist es oft etwas riskant, offen zuzugeben, dass man als Mutter nicht immer nur glücklich ist.

Der Druck, unter dem Mütter stehen

Dabei ist es so wichtig, dass wir in diesem Punkt ehrlich zueinander sind! Als Mutter hat man in der Regel sowieso ständig Schuldgefühle. Man möchte doch nur das Beste für sein Kind. Wenn man so hohe Ansprüche an sich selbst stellt, wie wir es oft tun, dann ist es aber auch kein Wunder, dass man ständig das Gefühl hat, zu versagen. Der Druck, den wir uns selbst auferlegen und der auch durch unsere Gesellschaft erzeugt wird, ist immens.

Und besonders perfide wird es doch dann, wenn man nicht nur erwartet, dass Mütter diesem Druck standhalten, sondern dabei auch noch rund um die Uhr glücklich sind.

Es ist also eigentlich kein Wunder, dass wir hin und wieder um unser altes Leben trauern. Diese Gefühle zuzulassen, sie zu akzeptieren und sie auch gegenüber anderen nicht zu verleugnen, ist wichtig, um in unserer Gesellschaft ein Bewusstsein dafür zu schaffen, dass es okay ist, so zu fühlen. Wenn ich auch zu meinem Partner, zu Freunden und der Familie ehrlich bin und offen darüber rede, können vielleicht Freiräume entstehen oder Absprachen getroffen werden, die helfen, in diesem neuen Leben auch mal Zeit für sich zu finden.

Wenn die Liebe langsam wächst

„Seit ich mein Kind das erste Mal im Arm hielt, liebe ich es mehr als alles andere auf der Welt!" – solche Sätze hört man von Müttern häufig. Was man weniger häufig hört: dass es auch normal ist, wenn man von dieser Liebe nicht direkt überflutet wird. Wenn man zunächst einmal ankommen muss und etwas Zeit braucht, sein Kind kennenzulernen.

Eigentlich ist es gar nicht ungewöhnlich, dass man erst zueinander finden muss. Dass dieser kleine Mensch, der nun in den eigenen Armen liegt, zwar von Anfang an einen Platz im Herzen hat, aber trotzdem irgendwie fremd wirkt.

Viele Mütter, die solche Gefühle haben, empfinden diese als falsch und glauben deswegen, schlechte Mütter zu sein. Öffentlich hört man nur selten von diesen Gefühlen, und so entsteht schnell der Eindruck, dass man damit alleine ist und alle anderen Mütter diese nicht teilen.

In Wirklichkeit geht es jedoch vielen Frauen so.

Darum sollte auch hier offener und ehrlicher gesprochen werden. Die Schuldgefühle sind sinnlos und erschweren einem die erste Zeit zusätzlich.

WIE MAN DAS „BONDING" UNTERSTÜTZEN KANN

Bonding steht für zwischenmenschliche Nähe. Fast alle Mütter haben dieses Wort schon mal in Zusammenhang mit der Geburt gehört: „Für das Bonding wird das Baby der Frau danach direkt auf den nackten Oberkörper gelegt."

Was in Krankenhäusern mittlerweile zum Glück zum Standard geworden ist, kann man jedoch auch zu Hause noch fortführen, um den Bindungsaufbau zu fördern. Ausgiebig mit seinem Baby zu kuscheln und viel Hautkontakt unterstützen die Entstehung einer tiefen Bindung.

Auch für den frisch gebackenen Papa ist das eine wundervolle Möglichkeit, ganz eng mit dem Kind in Kontakt zu treten und es kennenzulernen.

MEHR ZUFRIEDENHEIT

Wenn man darüber nachdenkt und seinen Lebensstil einmal von oben betrachtet, dann fragt man sich schnell, warum man oft so unzufrieden und gestresst ist. Zufriedenheit sollte nicht dem Zufall überlassen werden – es ist wichtig, dass wir für uns sorgen.

Eigentlich führen wir (selbst wenn wir vergleichsweise wenig Geld zur Verfügung haben) ein sehr gutes Leben. Verglichen mit vielen anderen Menschen auf der Welt haben wir alles, was wir brauchen: ein Dach über dem Kopf, genug zu essen, unbegrenzten Zugang zu fließend Wasser. Diese Liste ließe sich noch lange fortführen.

Trotzdem fällt es uns oft schwer, unser Leben zu genießen. Eine Rolle spielt dabei natürlich, dass wir uns weniger mit Menschen in extremer Armut vergleichen als vielmehr mit unserem Nachbarn oder Menschen, von denen wir täglich in der Zeitung lesen, im Radio hören oder denen wir auf Instagram folgen.

Glück wird in unserer Gesellschaft nicht selten an (Konsum-) Güter geknüpft. Die Werbung zeigt es uns: Wenn du dieses Auto, dieses Produkt noch kaufst, dann wirst du glücklich sein!

Beim Kinderkriegen ist es ähnlich: Unbewusst denken wir (und wird uns vermittelt), dass wir glücklich sein werden, wenn wir erst unser Kind haben. Und kurzfristig kann dies durchaus funktionieren. Nach der Geburt waren auch wir überwältigt von unserem Glück und schwebten auf Wolken. Schnell stellt sich jedoch der Alltag ein, und das Kind allein kann nicht mehr dafür sorgen, dass wir als Eltern glücklich sind.

Ähnlich verhält es sich im Übrigen bei einer Partnerschaft: In unserer Gesellschaft herrscht oft die implizite Erwartungshaltung, dass ein Partner uns glücklich machen müsse. Anfangs klappt das auch durch die Hormone, die freigesetzt werden. Wenn jedoch der Alltag einkehrt, dann lassen diese Glücksgefühle schnell nach. Wenn ich nie gelernt habe, selber für meine Zufriedenheit und mein Glück zu sorgen, ist es eine logische Konsequenz, nun die Partnerschaft infrage zu stellen und nach jemand neuem Ausschau zu halten.

Letztendlich ist es aber so, dass nur wir selbst dafür sorgen können, dass wir wirklich langfristig glücklich und zufrieden sind.

Stress ist dabei einer der Hauptgründe dafür, dass wir nicht zufrieden sind und unser Leben nicht genießen können.

WAS IST STRESS?

Stress ist eine spezifische körperliche Reaktion, die durch bestimmte psychische oder physische Reize (Stressoren) ausgelöst wird. Auf physische Stressoren (Hitze, Kälte etc.) reagieren Menschen bis zu einem gewissen Grad sehr ähnlich, psychische Stressoren (z. B. Bestürzung über den Arbeitsplatzverlust) hängen hingegen von unserer Bewertung ab (wem es nichts ausmacht, diesen Arbeitsplatz zu verlieren, der wird in dieser Situation keinen Stress empfinden).

Stress ist somit oft subjektiv. Was der Eine eher als anregend empfindet, nimmt der andere als stressig war. Dabei gibt es kein Richtig oder Falsch, kein Besser oder Schlechter. Wichtig ist lediglich, dass jeder Einzelne Wege findet, mit dem eigenen Empfinden umzugehen.

Stress im Familienalltag

Alltag mit Kindern ist fordernd, und so spiegelt auch die Stress-Studie der Techniker Krankenkasse aus dem Jahr 2016 wider, was viele Eltern täglich fühlen – dass zwischen Kindern und Karriere der Stress am größten ist:

„In der Zeit nach der Schule, im Studium und beim Einstieg ins Berufs-leben ist der Stresspegel bereits hoch: Von den 18- bis 29-Jährigen sagen zwei Drittel, sie seien mindestens manchmal gestresst. Den Spitzenwert erreichen die 30- bis 39-Jährigen. In der sogenannten Sandwichgeneration kennen 82 Prozent Stresszustände, ein Drittel von ihnen bezeichnet sich sogar als häufig gestresst. Dies ist die Phase, in der die Karriere Fahrt aufnimmt, viele aber auch Kinder erziehen oder ihre Eltern unterstützen."

Zum Nach- und Weiterlesen: https://www.tk.de/resource/blob/2026630/9154e4c71766c410dc859916aa798217/tk-stressstudie-2016-data.pdf

Dabei verursachen nicht die Kinder an sich den Stress, sondern vielmehr der Spagat zwischen Erziehung, Haushalt und Job sowie die Rahmenbedingungen. Finanzielle Probleme zum Beispiel betreffen eher Familien als Alleinstehende oder kinderlose Paare, und noch öfter sind Alleinerziehende betroffen.

Ressourcen

Generell geht es im Alltag mit Kindern oft darum, dass man seine Ressourcen aufteilen muss. Unsere Ressourcen sind begrenzt, und je anstrengender der Alltag ist, desto wichtiger ist es, dass wir sie bedacht einsetzen und dafür sorgen, dass wir uns nicht völlig aufopfern. Denn auch bei Müttern wird immer öfter ein Burn-out festgestellt.

WAS IST BURN-OUT?

Der Begriff „Burn-out" kommt aus dem Englischen und bedeutet so viel wie „ausgebrannt sein".

Burn-out oder auch Burn-out-Syndrom bezeichnet Schwierigkeiten bei der Lebensbewältigung, bei denen Betroffene das Gefühl haben, ständig überfordert zu sein, unter starkem Leistungsdruck zu stehen und diesem nicht gerecht zu werden.

Ein Burn-out beginnt meist unauffällig. Wenn er nicht behandelt wird, kann er jedoch zur totalen Arbeitsunfähigkeit bis hin zum Suizid führen.

Als Mutter ist es manchmal gar nicht so leicht, für sich selbst gut zu sorgen. Das Bild der aufopferungsvollen Mutter, die den Haushalt organisiert und schmeißt, sich um die Kinder kümmert und dabei immer top aussieht, ist fest in unseren Köpfen verankert. Und auch wenn dieses Bild langsam aufweicht, sind in der jüngsten Vergangenheit noch neue Aufgaben hinzugekommen: Arbeiten zum Beispiel und so zum Familienunterhalt beitragen. Oder, als Alleinerziehende, diesen allein erwirtschaften, ohne „dem Staat auf der Tasche zu liegen".

Auf der anderen Seite sollte eine gute Mutter auch nicht zu viel arbeiten. Wenn die Kinder den ganzen Tag fremdbetreut werden, kann das ja auch nicht gut sein. Manchmal hat man da gar das Gefühl, dass es falsch ist, egal wie man es macht. Irgendwer wird immer einen Grund finden, sich zu beschweren.

Für sich selbst sorgen

Wie kann man also als Mutter für sich selbst sorgen? Die Bedürfnisse anderer erfüllen und dennoch die eigenen nicht aus den Augen verlieren? Dieser Spagat ist nicht einfach und eine Lösung, die für alle passt, gibt es nicht.

Wichtig ist jedoch immer, dass man sich als Mutter überhaupt Gedanken darum macht. Dass man sich mit der Situation auseinandersetzt und auf sich selbst achtet.

Dabei kann man vier Prinzipien nutzen: Empathie, Akzeptanz, Kongruenz und Achtsamkeit.

Empathie

Empathie ist ein grundlegender Baustein für ein gelingendes soziales Miteinander. Wenn mein Baby weint und ich den Grund für sein Weinen ergründe und eventuell sogar beseitige, dann handele ich empathisch.

 WAS IST EMPATHIE?

Empathie steht für Einfühlungsvermögen. Gemeint ist die Fähigkeit, sich in andere hineinzuversetzen und ihre Gefühle, Gedanken und Beweggründe zu erkennen, zu verstehen und zu teilen.

Dies ist nur dadurch möglich, dass ich die Perspektive des anderen übernehme und seine Gefühle mitfühlend erkenne und wahrnehme.

Die eigenen Bedürfnisse erkennen

Mütter sind in der Regel gut darin, die Bedürfnisse anderer, und vor allem die ihrer Kinder, zu erkennen. Worin sie oft weniger gut sind: die eigenen Bedürfnisse und Gefühle zu erkennen und ihnen Rechnung zu tragen.

Oft liegt das ganz einfach daran, dass man im Alltag kaum Zeit hat, um kurz innezuhalten, in sich hineinzuhorchen und zu ergründen, wie man sich gerade fühlt und warum. Die meiste Zeit des Tages funktioniert man einfach. Arbeitet einen Zeitplan ab. Auf bestimmte Termine hin.

Gemeinhin gehen wir davon aus, dass wir uns selbst gut kennen und verstehen. Dass es nicht notwendig ist, sich dafür besonders Zeit zu nehmen, da wir wissen, was in uns vorgeht.

Diese Annahme stimmt jedoch nicht.

Wie oft kommt es vor, dass wir uns nicht wohlfühlen, irgendwie schlecht gelaunt sind, aber gar nicht wirklich sagen können, warum?

Wie oft merkt man im Verlauf des Tages, dass man immer angespannter, immer gestresster ist? Dass man schneller laut wird, obwohl man gar nicht genau sagen kann warum? Dass man kein Verständnis mehr dafür hat, dass das Kind sich nicht so verhält, wie man sich das gerade wünschen würde?

Ich selber merke oft erst im Nachhinein, dass mein Unwohlsein einen konkreten Auslöser oder Grund hatte. Selbst Schmerzen (sofern diese nur dumpf und nicht zu stark sind) nehme ich manchmal nicht bewusst wahr und reagiere lediglich unbewusst darauf, indem ich eine Schonhaltung einnehme.

Jede Empfindung hat einen Grund

Für jedes Verhalten, jedes Empfinden wie Stress und Ungeduld, gibt es Gründe oder Auslöser, aber selten erkennen wir diese intuitiv. In der Regel müssen wir uns Zeit nehmen und in uns hineinhorchen, damit wir erkennen können, warum wir gerade bestimmte Gefühle hegen.

Im Alltag mit Baby ist es in vielen Situationen nicht leicht, sich diese Zeit zu nehmen. Wenn das Baby ein Bedürfnis hat, dann kann es selten warten. Wir können jedoch bewusst wahrnehmen, in welchen Situationen wir gestresst reagieren, und im Nachhinein versuchen nachzuvollziehen, wodurch genau diese Gefühle entstehen.

Sich selbst gegenüber empathisch zu sein, die eigenen Gefühle bewusst wahrzunehmen und zu ergründen, mag zunächst komisch erscheinen. Es führt aber dazu, dass man sich selbst besser versteht und irgendwann schon im Vorfeld erkennen kann, wo man Gefahr läuft, dass die Stimmung kippt.

Grenzen erkennen

Wer erkennt, wann er Grenzen erreicht, kann besser vorsorgen. Wer weiß, wann er Pausen und Auszeiten braucht, kann diese in den Alltag einbauen.

Empathisch mit sich selbst zu sein heißt auch, Verständnis zu haben. Sich selbst zuzugestehen, dass man Grenzen hat. Nicht immer alles mit links schaffen kann. Manchmal hilft es dabei, wenn wir uns fragen, wie wir die Situation beurteilen würden, wenn nicht wir betroffen wären, sondern eine liebe Freundin. Oft sind wir zu uns selbst besonders streng. Wenn wir uns fragen, was wir einer Freundin in dieser Situation raten würden, dann wird uns oft bewusst, dass wir mit ihr niemals so hart wären wie zu uns selbst. Der größte Kritiker sind wir oft selbst!

KURZE ÜBUNG FÜR DEN ALLTAG

Nimm dir jeden Tag fünf Minuten Zeit, um nur in dich hineinzuhorchen. Denke an eine Situation, in der du gestresst oder schlecht gelaunt warst. In der du negative Gefühle hattest.

Wodurch wurden diese Gefühle ausgelöst? Wann sind diese Gefühle entstanden? Gab es eine konkrete Situation, einen Satz oder einen Vorfall, der diese Gefühle ausgelöst hat?

Akzeptanz

Wenn ich erkannt habe, was mich stresst, weshalb ich mich schlecht fühle oder schlechte Laune habe, dann ist der nächste Schritt zunächst einmal, diese Gefühle zu akzeptieren.

Während es in unserer modernen Welt oft darum geht, negative Gefühle schnellstmöglich zu beseitigen, wird oft übersehen, dass diese auch einfach zum Leben dazugehören.

Außerdem ist es gar nicht möglich, alle Auslöser für negative Gefühle zu entfernen oder zu umgehen. Unser Leben besteht aus Freude und Kummer, Glück und Trauer, Liebe und Schmerz.

 WAS IST AKZEPTANZ?

Akzeptanz kommt vom lateinischen Wort „accipere", das so viel wie „annehmen" oder „gutheißen" bedeutet.

Etwas zu akzeptieren bedeutet somit, etwas anzunehmen, anzuerkennen und mit etwas oder jemandem einverstanden zu sein. Abzugrenzen ist Akzeptanz von der Toleranz: Während Akzeptanz eine aktive, wertschätzende Haltung beschreibt, ist Toleranz das reine Erdulden oder Ertragen von etwas.

Wenn ich es schaffe, negative Gefühle anzunehmen und hinzunehmen, dann akzeptiere ich, dass sie zum Leben dazugehören. Und wenn sie zum Leben dazugehören, dann brauche ich ihretwegen kein schlechtes Gewissen zu haben.

Eine Ausnahme stellt es natürlich dar, wenn die negativen Gefühle über das normale Maß hinausgehen und nicht wieder verschwinden. Bei einer Depression oder Wochenbettdepression sollte Hilfe in Anspruch genommen werden.

Negatives als Bestandteil des Seins

Wenn die negativen Gefühle sich aber auf bestimmte Situationen beschränken, sich mit positiven Phasen abwechseln und man insgesamt das Gefühl hat, dass man grundsätzlich glücklich sein kann, dann sind diese negativen Gefühle ein normaler Bestandteil des täglichen Lebens. Wenn ich dies akzeptiere und negative Gefühle annehme, mache ich mir das Leben leichter und gerate nicht unter Druck, diese Gefühle so schnell wie möglich loszuwerden.

Akzeptieren heißt dabei auch, dass ich akzeptiere, dass ich nicht alle Erwartungen erfüllen kann. Dass ich nicht immer perfekt bin.

Gelassenheitsgebet

Akzeptanz ist ein wichtiger Bestandteil unseres Lebens, was sich auch in bekannten Versen widerspiegelt:

Gelassenheitsgebet

Gott, gib mir die Gelassenheit, Dinge hinzunehmen,
die ich nicht ändern kann,
den Mut, Dinge zu ändern, die ich ändern kann,
und die Weisheit, das eine vom anderen zu unterscheiden.

Akzeptanz ist deshalb so wichtig, weil sie uns dabei hilft, unsere Ressourcen sinnvoll einzusetzen. Denn wer ständig gegen Windmühlen kämpft, ist auch ständig erschöpft.

KURZE ÜBUNG FÜR DEN ALLTAG

Wenn du im Alltag merkst, dass du schlecht gelaunt, gestresst oder unglücklich bist, dann halte inne und versuche einfach nur, diese Gefühle auszuhalten. Versuche nicht direkt, sie zu ändern oder etwas zu tun, um sie zu kompensieren. Nimm sie hin und sage dir, dass es okay ist, so zu fühlen.

Kongruenz

Kongruent sein heißt, dass ich mich so verhalte, wie ich mich fühle. Wie ich denke. Dass ich nach außen trage, was innen liegt und ich mich nicht verstelle.

WAS IST KONGRUENZ?

Kongruenz stammt vom lateinischen Wort „congruentia", das für allgemeine Übereinstimmung steht. Gemeint ist in diesem Zusammenhang die Übereinstimmung zwischen inneren Einstellungen, Gefühlen und Vorgängen und den nach außen gezeigten Handlungen, Ausdrücken und Äußerungen.

Kongruenz ist so wichtig, da unser Gegenüber es fast immer (bewusst oder unbewusst) wahrnimmt, wenn wir nicht authentisch sind und uns verstellen. Auch Babys reagieren sehr sensibel auf nonverbale Hinweisreize, die die echte Stimmung transportieren. Sie verstehen noch keine Worte, und die Kommunikation findet darum fast ausschließlich nonverbal statt. Durch Gesten, Tonlage, Lautstärke und später auch Mimik.

Verstell dich nicht

Außerdem kostet es Kraft, sich ständig zu verstellen. Es ist sehr anstrengend, wenn wir nicht einfach sein können, wie wir eigentlich sind.

In unserer Gesellschaft ist es gang und gebe, seine negativen Gefühle und Gedanken zu verstecken. Zum einen wird es schnell als Schwäche, Undankbarkeit oder fehlende Belastbarkeit interpretiert. Zum anderen haben wir nicht gelernt, mit negativen Emotionen anderer umzugehen und sind schnell überfordert, wenn wir in Gesprächen damit offen konfrontiert werden.

Auch bei unseren Kindern neigen wir dazu, uns zu verstellen. Wenn wir nicht wollen, dass sie mitbekommen, dass es uns nicht gut geht. Wenn wir ihnen eine Freude machen wollen, indem wir so reagieren, wie sie es (vermutlich) erwarten.

Manchmal ist das durchaus notwendig und sinnvoll. Nicht alle unsere Gefühle sollten Kinder ungefiltert erleben. Und manchmal ist es für das Kind sehr bestärkend und wichtig, dass es eine bestimmte Reaktion auf ein Verhalten bekommt.

Negatives gehört dazu

Oft ist es aber auch okay, wenn wir kongruent sind. Bis zu einem gewissen Grad sollten Kinder durchaus erleben, dass auch wir Eltern nicht nur positive Gefühle haben. Wut, Trauer, Erschöpfung, Angst – all dies sind Gefühle, die zu unserem Leben dazugehören und menschlich sind.

Wir sollten unseren Kindern offen vorleben, dass auch wir diese Gefühle haben und ihnen dabei zeigen, wie man konstruktiv mit ihnen umgehen kann. Denn nur so lernen sie, wie sie selber mit solchen Gefühlen umgehen können.

Natürlich muss man dabei beachten, wie alt das Kind ist: Kleinere Kinder können durch Gefühlsausbrüche der Eltern durchaus verängstigt werden. Wenn wir jedoch dem Alter Rechnung tragen und unsere Ausdrucksweise anpassen, dann können auch jüngere Kinder von diesem Ansatz profitieren. Denn besonders kleine Kinder haben noch einen sehr offenen, direkten Umgang und Zugang zu all ihren negativen Emotionen.

Während des Babyalters drücken Kinder ihr Unwohlsein durch Schreien aus, und auch später werden negative Zustände sehr offen ausgelebt. Während des „Trotzalters" oder der „Autonomiephase" wird dieser Umgang mit negativen Gefühlen zur echten Herausforderung für Eltern und Kind und kann das Familienleben ganz schön durcheinanderbringen.

Achtsamkeit

Achtsamkeit ist momentan ein Begriff, den man immer wieder hört. Gemeint ist damit nicht nur, dass man auf sich selbst achtet, sondern auch auf seine Umgebung und seine Mitmenschen. Es geht dabei um einen Zustand des bewussten Wahrnehmens.

WAS IST ACHTSAMKEIT?

Achtsamkeit beschreibt eine besondere Form der Aufmerksamkeit, bei der es darum geht, bestimmte Reize ganz bewusst wahrzunehmen und auszukosten.

Gedanklich konzentriert man sich auf einen Aspekt der aktuellen Situation, auf den man sich vollkommen einlässt. So kann man einen meditationsähnlichen Zustand erreichen.

Bewusst im Hier und Jetzt

Ziel ist es, einen Zustand zu schaffen, in dem ich bewusst im Hier und Jetzt bin. In dem ich mich selbst und meine Umgebung spüre. Stress und negative Gefühle verlieren dadurch an Bedeutung, weil diese meist kognitiv sind, also unsere Wahrnehmung betreffend. Sie entstehen in unserem Gehirn, durch Bewertungen und Fantasien.

Wenn ich mich jedoch darauf konzentriere, die jetzige Situation bewusst wahrzunehmen, bleibt kaum Raum, um sich Sorgen zu machen oder sich über Dinge zu ärgern.

Man könnte Achtsamkeit als Vorstufe der Meditation sehen. Auch hier kann man sich auf die Atmung konzentrieren, bewusst wahrnehmen, wie der Brustkorb sich hebt und senkt und wie die Luft durch die Lungen strömt.

Achtsam im Alltag

Achtsamkeit lässt sich aber noch etwas leichter in den Alltag integrieren: Ich kann zum Beispiel beim Essen meine Aufmerksamkeit auf meinen Mund lenken. Mich darauf konzentrieren, wie das Essen schmeckt. Wie es sich im Mund anfühlt.

Meist hilft es, wenn ich dazu die Augen schließe und mir einen Moment Zeit nehme. Alle anderen Handlungen kurz pausiere und nur darauf achte, was ich gerade esse. So kann ein kleines Stück Schokolade viel intensiver schmecken und zu einer richtigen Mini-Auszeit werden.

Achtsamkeit funktioniert sowohl im Kleinen als auch im Großen. Ich kann wunderbar die kleinen Freuden des Alltags bewusst genießen, aber auch das große Ganze intensiv wahrnehmen und mich daran erfreuen.

Das Ziel ist es immer, dass ich aufhöre, alles zu bewerten und mich in (negativen) Gedanken zu verlieren, und stattdessen bewusst die aktuelle Situation wahrnehme und genieße.

Das ist nicht immer leicht, und gerade in Situationen, in denen man gestresst ist und sich nicht gut fühlt, ist es sogar unglaublich schwer. Dennoch kann man mit ein bisschen Übung erreichen, dass man schneller aus den negativen Gedanken herauskommt.

KURZE ÜBUNG FÜR DEN ALLTAG

Nimm dir zunächst am Abend oder Nachmittag, wenn dein Kind schläft, ein paar Minuten Zeit, um etwas bewusst zu genießen. Das kann ein Stück Schokolade, ein Bad oder der Ausblick auf den Garten sein. Ganz egal was. Konzentriere dich auf diesen Moment. Auf deine Empfindungen. Was kannst du wahrnehmen? Den Geschmack auf deiner Zunge? Das warme Wasser auf deiner Haut? Den Wind, der durch deine Haare weht?

Versuche dich ganz auf diese körperlichen Empfindungen zu konzentrieren und die Gedanken einfach fließen zu lassen.

Bewusst und informiert entscheiden

Ich glaube, dass es wichtig ist, bewusste und informierte Entscheidungen zu treffen. Wer weiß, welche Konsequenzen eine Entscheidung hat, der kann sich darauf einstellen. Wer sich sicher ist, dass diese Entscheidung die richtige ist, kann diese auch vor anderen vertreten.

Dabei ist es überhaupt nicht schlimm und auch kein Widerspruch, wenn man eine Entscheidung überdenkt oder gar ändert. Der Prozess des Informierens ist eigentlich nie abgeschlossen, da immer neue Informationen hinzukommen können, die wir gestern noch nicht hatten. Die Erfahrung zeigt: Es ist gut, offen für diese neuen Informationen zu bleiben!

Bias

Das ist schwer! Von Natur aus unterliegen wir Menschen sogenannten Biases. Ein Bias ist wie ein mentaler Filter. Er erlaubt uns, Fakten und Informationen, die zu unserer Meinung, unserer Theorie passen, anzunehmen und alle anderen auszublenden oder mit Scheinargumenten zu entkräften.

Niemand ist frei von diesen Mechanismen, wir können aber daran arbeiten, sie zu umgehen: Im Austausch mit Menschen, die es ganz anders machen als wir, können wir lernen, dass unser Weg nicht der einzig richtige ist. Dies gelingt aber nur, wenn wir offen für die Denk- und Sichtweise des anderen sind und ein Gespräch auf Augenhöhe führen.

Grenzen

Natürlich gibt es hier Grenzen. Besonders beim Thema Erziehung und wie wir mit unseren Kindern umgehen. Denn hier geht es schließlich nicht nur um mein eigenes Wohl (oder das eines anderen Erwachsenen), sondern auch um das Wohl unserer Kinder.

Gewalt an Kindern, egal ob physisch oder psychisch, ist für mich immer eine solche Grenze. Solche Mittel bewusst als Erziehungsmaßnahmen einzusetzen, ist für mich absolut nicht tolerierbar. Wer unbewusst zu solchen Mitteln greift und es selber merkt, sollte sich Hilfe suchen, um einen besseren Umgang zu erlernen.

Wie genau man damit umgeht, wenn man dies bei anderen be-
obachtet, ist immer von der jeweiligen Situation abhängig. Im Ernst-
fall sollte natürlich das Jugendamt informiert werden. Bei Freunden, Bekannten oder Verwandten kann auch schon ein Gespräch in
ruhiger Umgebung helfen.

Viele Eltern wollen ihr Kind nicht verletzten, sind in manchen Situationen aber hilflos und greifen dann auf Mittel zurück, die sie
aus ihrer eigenen Kindheit kennen. Das ist keine Entschuldigung,
kann uns aber bei der Gesprächsführung helfen. An erster Stelle
sollte immer stehen, dass das Wohl des Kindes geschützt wird.

DEN ALLTAG MIT BABY GESTALTEN

Jede Mama und jeder Papa wünschen sich vor allem eins: dass das eigene Kind glücklich ist. Dass sich das Baby, das man nun im Arm hält, geborgen und geliebt fühlt. Dass man den Alltag als Familie gut bewältigt und am besten niemand dabei zu kurz kommt. Die gute Nachricht: Es geht.

Sobald die Strapazen der Geburt ein wenig abgeklungen sind, kommen unweigerlich die ersten Fragen auf. Selbst wenn man sich schon während der Schwangerschaft umfassend informiert und die eine oder andere Entscheidung getroffen hat, kann es sein, dass man diese mit dem Kind im Arm noch einmal überdenkt. Oder es kommen ganz unerwartet ganz andere Themen auf, über die man zuvor noch gar nicht nachgedacht hat.

Vom großen Thema Schlaf, das besonders in den ersten Monaten und Jahren einen ganz besonderen Stellenwert hat, über das Essen, Reisen und Wohnen bis hin zur Kleidung. Plötzlich erscheint alles in neuem Licht und vieles wird hinterfragt.

Dabei gibt es unendlich viele Wege und Möglichkeiten, diese Fragen zu beantworten.

Der Vorteil unserer Zeit ist, dass wir auf jede Frage direkt und schnell eine Antwort finden können. Das Internet macht es möglich. Fragt man dann noch die eigenen Eltern und Hebammen um Rat, kann man schon von einer Informationsflut sprechen.

Diese Informationsflut ist jedoch Fluch und Segen zugleich. Ein Segen ist es immer dann, wenn wir danach klüger sind. Uns sicherer fühlen. Wenn wir sehen, wie andere es machen und uns dieses Wissen inspiriert.

Ein Fluch ist es jedoch immer dann, wenn jeder etwas anderes sagt.

Oft wird dann die Forderung laut, dass Eltern doch auf ihr Bauchgefühl hören sollen. Doch zum einen ist es schwer, auf das Bauchgefühl zu hören, wenn da so viele andere laute Stimmen sind, zum anderen ist auch das Bauchgefühl nicht immer die beste Wahl.

Wie soll man diese Frage also lösen?

Ich glaube, dass es ungemein wichtig ist, sich zu informieren. Fundierte Meinungen zu hören. Um dann eine informierte Entscheidung zu treffen. Wie diese letztendlich ausfällt, bleibt den Eltern überlassen. Wichtig ist lediglich, dass die Eltern die relevanten Fakten kennen.

Ich finde auch Erfahrungsberichte anderer Eltern immer sehr hilfreich. Hier bekommt man zusätzlich zu den Fakten auch einiges an praktischen Tipps.

Im folgenden Abschnitt werden einige der großen Fragen, die das Elternsein mit sich bringt, angesprochen und verschiedene Wege, wie man diese lösen kann, aufgezeigt.

SCHLAF

Das Thema Schlaf bewegt die meisten Eltern mit Baby. Ob ein Kind durchschläft, wann es ins Bett geht und wieder wach wird, sind wohl die Fragen, die Eltern am häufigsten zu hören bekommen. Meist merkt man als frischgebackene Mama (oder frischgebackener Papa) plötzlich, wie wichtig ausreichender Schlaf ist und wie sehr es auf das Gemüt schlägt, wenn man diesen nicht bekommt.

Da Schlaf entscheidend dazu beitragen kann, dass das Familienleben harmonisch abläuft und man genug Energie hat, um den Tag zu bewältigen, ist es besonders wichtig, dass man hier einen Weg findet, mit dem alle zufrieden sind.

Selbst wenn man das Schlafverhalten seines Kindes nicht als problematisch empfindet, wird dies von anderen schnell so eingestuft, wenn es nicht mit den vorherrschenden Vorstellungen übereinstimmt.

Dabei sind viele Idealvorstellungen, die wir von Schlaf haben, schlicht und ergreifend irreal. Die wenigsten Kinder können diese Idealvorstellungen erfüllen, und wenn wir versuchen, dies mit Schlaftrainings, Zwang und Manipulation zu erreichen, dann tun wir weder uns selbst noch unseren Kindern einen Gefallen.

Schlafdauer

Auch bei Babys gibt es bezüglich der Schlafdauer große Unterschiede. Die Aussage, dass „Babys fast den ganzen Tag nur schlafen", trifft bei Weitem nicht auf alle zu.

Es gibt Neugeborene, die tatsächlich 20 Stunden schlafen, andere kommen schon mit elf Stunden Schlaf aus. Im Mittel schlafen gesunde Neugeborene 16 Stunden, also etwas mehr als die Hälfte des Tages.

Dieser Schlaf verteilt sich in den ersten zwei bis vier Wochen gleichmäßig über Tag und Nacht: Kurze Wachphasen werden durch Schlafperioden von zwei bis vier Stunden abgelöst. Danach bildet sich langsam der Tag- und Nacht-Rhythmus aus, wobei (Tages-) Licht und Dunkelheit zu den stärksten Hinweisreizen gehören. Zusätzlich spielen Rituale (Wechsel der Kleidung, Baden vor dem Zu-Bett-Gehen etc.), Veränderungen im Verhalten der Eltern (ruhiger in der Nacht, aktiver am Tag), Temperaturveränderungen und sogar die Zusammensetzung der Muttermilch eine Rolle.

TAG-NACHT-RHYTHMUS

Die Wissenschaftlerin Cristina Sánchez und Kollegen fanden in einer Studie 2009 heraus, dass auch Muttermilch dazu beitragen kann, den Tag-Nacht-Rhythmus eines Babys zu etablieren. Sie untersuchten verschiedene Muttermilchproben und stellten fest, dass diese sich je nach Tageszeit unterschieden: Mittags enthielten die Proben mehr anregende Substanzen und abends sowie nachts mehr beruhigende.

Mit etwa sechs Monaten schlafen Babys im Schnitt 13 bis 14 Stunden, wobei es auch hier Babys gibt, die mit zehn Stunden deutlich weniger schlafen und andere, die mit 18 Stunden deutlich mehr schlafen.

Dass Eltern ständig müde sind, obwohl die Kinder eigentlich viel schlafen, hat in erster Linie damit zu tun, dass Babys nicht – wie wir – lange an einem Stück schlafen, sondern in kurzen Abschnitten.

Neugeborene schlafen etwa 30 Minuten bis vier Stunden am Stück, ältere Säuglinge bis zu sechs Stunden.

Durchschlafen

 AB WANN SPRICHT MAN VON „DURCHSCHLAFEN"?

Für die meisten Schlafwissenschaftler schläft ein Baby durch, wenn es zwischen zwei Schlafperioden zwar kurz aufwacht, aber nicht schreit, sondern alleine wieder in den Schlaf findet.

Die Schlafdauer variiert dadurch, je nachdem, wie lange eine Schlafperiode bei einem Kind dauert. In der Regel geht man von Schlafperioden von drei bis vier Stunden aus, wodurch man beim Durchschlafen auf insgesamt sechs bis acht Stunden Schlaf kommt.

Uneinig sind Forscher sich dahingehend, ob dieser Schlaf in einen bestimmten Zeitraum fallen muss (z. B. von 12 Uhr nachts bis 5 Uhr morgens) und falls ja in welchen.

Bei der Frage, ob ein Kind durchschläft oder nicht, muss zunächst geklärt werden, was „durchschlafen" eigentlich bedeutet. Hier unterscheidet sich unsere Vorstellung nämlich stark von der wissenschaftlichen Definition.

Im Alltag meinen wir mit „durchschlafen" hingegen, dass wir ein Kind abends ins Bett bringen und es bis morgens schläft. Diese Art des Durchschlafens wird in den meisten Fällen jedoch erst nach etwa drei Jahren erreicht.

Laut Schlafforschern, nach der wissenschaftlichen Definition also, schlafen hingegen über die Hälfte der Babys schon nach drei Monaten durch.

GESTILLTE KINDER SCHLAFEN SPÄTER DURCH

Was viele stillende Mamas erleben und vermuten, entspricht der Realität: Babys, die von ihren Müttern gestillt werden, schlafen später durch.

Trotzdem gibt es einen Hoffnungsschimmer für stillende Mamas: Wenn sie nah bei ihrem Kind schlafen, ist es wahrscheinlicher, dass sie nicht aus den Tiefschlafphasen gerissen werden, und durch das Stillen wird das Hormon Prolaktin ausgeschüttet, das ein schnelles Einschlafen fördert. So können stillende Mütter im Schnitt schneller wieder einschlafen.

Mehr Schlaf bekommen

Obwohl Babys in den ersten Wochen und Monaten verhältnismä-
ßig viel schlafen, leiden Eltern vor allem in diesem ersten Jahr an
Schlafmangel. Am Anfang liegt das in erster Linie an den unre-
gelmäßigen Schlafenszeiten, die regelmäßig durch Wachperioden
unterbrochen werden, später gibt es jedoch meist andere Gründe.

Nützlich kann es dann sein, einmal genau die Schlafphasen des
Babys zu beobachten und über einige Tage ein „Schlafprotokoll" zu
führen.

EIN SCHLAFPROTOKOLL FÜHREN

Bei einem Schlafprotokoll wird über einen bestimmten Zeitraum do-
kumentiert, wann und wie lange das Kind schläft.

Eingetragen wird nach Bedarf zudem, in welcher Stimmung das Kind
sich befindet, was vor dem Schlafen gemacht wurde, wann es ins
Bett gebracht wurde, wie schnell es eingeschlafen ist und ob und wie
oft es zwischen den einzelnen Schlafperioden geweint oder anders
nach Aufmerksamkeit verlangt hat.

Anhand eines solchen Protokolls lässt sich feststellen, wie viel das
Kind tatsächlich schläft, was beim Einschlafen hilfreich ist und wie
viel Schlaf das Kind benötigt, um am nächsten Tag gut gelaunt zu
sein.

Wird deutlich, dass das Kind viel mehr schläft als ursprünglich
angenommen, sollte überlegt werden, diese Zeit für den eigenen
Schlaf zu nutzen (wenn dies bisher nicht der Fall ist).

So ist es nicht ungewöhnlich, dass ein Baby früh zu Bett gebracht wird und dann eine recht lange Schlafphase hat. Wenn die Eltern bisher deutlich später ins Bett gehen, kann es sein, dass sie genau diese Schlafphase „verpassen".

Beispiel

Das Kind wird um 18 Uhr ins Bett gebracht und schläft dann bis etwa 24 Uhr. Danach wacht es alle zwei bis drei Stunden auf und möchte um 7 Uhr aufstehen.

Die Eltern gehen erst um 23 Uhr ins Bett. Sie werden so die Nacht über regelmäßig geweckt und haben keine Schlafphase, die länger als zwei bis drei Stunden dauert.

Um erholsam zu schlafen, kann man überlegen, gemeinsam mit dem Baby schlafen zu gehen. Das ist manchmal schwierig, und fast immer kommen dadurch andere Dinge wie Haushalt, Paarzeit oder Entspannungszeit zu kurz – um eine sehr anstrengende Zeit zu überbrücken, kann es aber durchaus sinnvoll sein.

Schlaftrainings

Wenn man zugibt, dass das eigene Kind eben nicht durchschläft und man darunter eventuell sogar leidet, dann muss man nicht lange warten, bis jemand fragt, ob man es schon einmal mit einem Schlaftraining versucht habe.

Ja, wenn man verzweifelt und übermüdet ist, dann fragt man sich irgendwann, ob das wirklich so schrecklich wäre. Wenn man in dem Buch (siehe Kasten) jedoch liest, dass Kinder, die sich aufgrund des Schreiens übergeben (bis zu fünf Mal pro Nacht) dennoch weiter mit diesem Programm „behandelt" werden, weil sie mit einem Jahr ihre Mutter bewusst durch das Erbrechen manipulieren würden, stellt sich die Frage, was uns unser Schlaf am Ende wert ist.

JEDES KIND KANN SCHLAFEN LERNEN

Besonders bekannt ist das kontrollierte Schreienlassen, das Annette Kast-Zahn mit Dr. med. Hartmut Morgenroth im Buch „Jedes Kind kann schlafen lernen" beschreibt.

Die Methode: Man legt das wache Kind zum Schlafen in sein Bett und schaut nur in vorgegebenen Intervallen nach ihm, egal wie laut es in der Zwischenzeit schreit.

Bedürfnisse vereinbaren

Letztendlich ist es immer ein Abwägen von Bedürfnissen. Das Bedürfnis des Kindes ist klar: nah bei seinen Bezugspersonen, satt, gewickelt und sicher einzuschlafen und aufzuwachen. Wenn es zwischendurch aufwacht, möchte es Mama oder Papa spüren und braucht eventuell etwas Hilfe, um wieder in den Schlaf zu finden, indem es etwas trinkt, gestreichelt wird oder sich an Mama und Papa kuschelt.

Für Eltern hingegen ist es sehr verschieden: Manche genießen diese Nähe zu ihrem Kind sehr, andere können so schlecht schlafen.

Tragehilfen können uns ermöglichen, unser Baby nah am Körper zu tragen, wo es sicher und ruhig schläft, während wir den Haushalt erledigen oder uns um die größeren Geschwister kümmern. Doch nicht jeder mag täglich mehrere Stunden mit so einer Tragehilfe vor dem Bauch verbringen.

Nicht selten stellt sich die Frage, wessen Bedürfnisse nun erfüllt werden. Diese Entscheidungen treffen wir Erwachsenen. Grundsätzlich bin ich der Meinung, dass den Bedürfnissen des Babys Vorrang gegeben werden sollte. Wir haben uns dafür entschieden, dieses Baby zu bekommen, und wir sind diejenigen, die die Verantwortung übernehmen sollten.

Trotzdem müssen wir auch auf uns und unsere Ressourcen achten. Manchmal müssen auch die Bedürfnisse des Babys hintangestellt werden, damit das Familienleben überhaupt funktionieren kann. Manchmal geht es aus gesundheitlichen Gründen nicht anders.

Ideal ist es natürlich, wenn eine Lösung gefunden wird, die die Bedürfnisse aller berücksichtigt und mit der alle zufrieden sind.

Oft werden solche Fragen am Ende auch einfach danach entschieden, was sich gerade als praktisch erweist. Eine Mutter, die ihr Kind lange stillt, kann feststellen, dass es für sie deutlich einfacher ist, wenn sie ebenso lange mit ihrem Kind in einem Bett schläft.

Elternteile, die früh aufstehen müssen, um zur Arbeit zu gehen, könnten in separaten Schlafzimmern schlafen, um den anderen Elternteil und das Baby nicht zu wecken.

Manchmal gibt es auch Regelungen für verschiedene Wochentage: An Tagen, an denen Papa arbeitet, schläft die Mutter beim Kind im Kinderzimmer, am Wochenende schlafen alle gemeinsam im Elternbett.

„Wir schlafen mal so und mal so"

Sinje und Daniel, 27 und 30 Jahre

Bei uns ist es immer wieder verschieden, wie wir schlafen. Mein Mann arbeitet im Schichtdienst, und dass er genügend Schlaf bekommt, ist für unser Familienleben sehr wichtig.

Wenn der Papa Nachtschicht hat, schlafe ich mit unserem Kind im Elternbett, bei Frühschicht schlafen das Kind und ich im Kinderzimmer (damit der Papa morgens ausgeschlafen ist), und bei Spätschicht schlafen wir alle gemeinsam im Familienbett.

Mir ist die Nähe zu meinem Kind sehr wichtig, und ich glaube, dass es nicht so schlimm ist, dass wir nicht immer im gleichen Bett schlafen. Viel wichtiger ist, dass ich, die Bezugsperson, immer da bin.

Da auch der Papa gerne mit unserem Kind kuschelt und nicht so gerne alleine schläft, haben wir eine Lösung für uns gefunden, bei der er nicht nur genug Schlaf bekommt, sondern auch Zeiten hat, in denen wir alle gemeinsam schlafen.

Für uns ist es so ideal, und alle fühlen sich wohl.

Schlafsituation

Da wir die Schlafdauer im Grunde kaum beeinflussen können, stellt sich somit vor allem die Frage danach, wie man die Schlafsituation als Familie gestalten kann und möchte. Möglichkeiten gibt es viele, und oft wird die eine oder die andere als die perfekte Lösung für alle Familien propagiert.

Außer Acht gelassen wird dabei jedoch (wie so oft), dass wir Menschen einfach unterschiedlich sind und verschiedene Bedürfnisse haben. Was für die eine Familie ideal ist, kann für die andere eine Qual sein. Diese Schlafsituationen sind recht verbreitet:

Beistellbett im Elternschlafzimmer

Empfohlen wird in der Regel die Variante, bei der das Kind im Beistellbett im Schlafzimmer der Eltern schläft. Von Vorteil ist hierbei, dass Eltern schnell auf ihr Kind reagieren können, da es in der Regel nicht lange dauert, bis sie aufwachen, wenn das Kind sich bemerkbar macht.

Im Gegensatz zum Familienbett (alle schlafen in einem Bett) hat hier jedes Familienmitglied seine eigene Matratze, was dafür sorgen kann, dass der Schlaf entspannter ist. Dabei kann man ein einfaches Babybett neben das Elternbett stellen oder ein Beistellbett mit einer offenen Seite wählen. Die offene Seite wird übergangslos an das Elternbett gestellt, und es entsteht so eine kleine Bucht für das Baby (daher der Name Babybay). Zum Stillen oder Füttern muss man das Baby nun nicht über ein Gitter aus dem Bett heben. Praktisch ist es bei dieser Variante oft so, dass die Grenze zum Familienbett verschwimmt, da die Kinder selten auf der für sie vorgesehenen Matratze bleiben.

Vor allem Väter haben bezüglich des Familienbetts oft Sorge, dass sie das Kind versehentlich erdrücken könnten und fühlen sich wohler, wenn das Baby eine eigene Matratze hat.

Wenn Kinder oder Eltern sich im Schlaf viel bewegen, ist diese Variante in der Regel komfortabler für alle.

Auf der anderen Seite ist es in der Nacht eventuell unpraktisch, da man das Kind aus dem Bett nehmen muss, um es zu füttern. Wenn man sich zum Stillen oder um das Fläschchen zu geben in einen Sessel setzt, sollte man zudem immer im Blick haben, wie müde man ist. Es wurde schon berichtet, dass man hierbei kurz weggenickt ist. Im Zweifel sollte man sich dazu lieber ins Bett setzen.

„Unser Kind schläft im Beistellbett"

Inga und Jens, beide 28 Jahre

Schon während der Schwangerschaft war meinem Mann und mir klar, dass unser Kind nicht bei uns im Bett schlafen würde. Wir beide bewegen uns viel im Schlaf und hätten stets Angst gehabt, das Kind dabei zu erdrücken.

Wir kauften ein schlichtes Beistellbett und stellten es neben unser Bett.

Als unser Kind geboren war, schlief es von Anfang an in diesem Bett. Immer wenn es eingeschlafen war, legten wir es hinein und hatten so keine Sorge, dass es irgendwo hinunterfallen könnte. In der Nacht nahm ich es zum Stillen aus dem Bett und legte es, wenn es wieder schlief, wieder hinein. Das klappte für uns sehr gut, und wir alle konnten ohne Sorge schlafen.

Mit etwas über einem Jahr versuchten wir das erste Mal, das Beistellbett ins Kinderzimmer zu stellen. Allerdings fand ich es sehr
anstrengend, nachts mehrmals ins Kinderzimmer laufen zu müssen
(unser Kind wurde nachts noch regelmäßig wach), und wir entschieden letztendlich gemeinsam, es wieder zu uns ins Schlafzimmer
zu stellen. Einige Monate später schlief unser Kind dann regelmäßig
durch, und ab diesem Zeitpunkt klappte es auch super, das Bett ins
Kinderzimmer zu stellen.

Das Familienbett

Beim Familienbett schlafen alle (oder ein Teil der) Familienmitglieder in einem Bett. Das Bett sollte ausreichend groß sein, und wichtig ist ein Rausfallschutz an den Kanten. Manche Familien nutzen
hierfür das Babybett, das so doch noch einen Nutzen hat. Ansonsten
gibt es aber auch einfach Gitter, die man unter die Matratze schieben kann.

Vorteil des Familienbettes ist, dass die Kinder sich an Mama oder
Papa ankuscheln können und sich so geborgen fühlen und eventuell
besser schlafen.

Für stillende Mamas ist das Familienbett vorteilhaft, da sie nicht
aufstehen müssen und auch Eltern, die die Flasche geben, können
mit einiger Vorbereitung dafür sorgen, dass die Nachtruhe nur möglichst kurz unterbrochen wird.

DAS SCHNELLE NACHTFLÄSCHCHEN

Für die Nacht kann man eine Thermosflasche mit temperiertem Wasser vorbereiten und Milchpulver schon portionieren. Wenn das Kind aufwacht, vermischt man einfach Milchpulver und Wasser und hat so schnell eine fertige Flasche.

Schon zubereitete Milch sollte nie länger als eine Stunde warmgehalten und dann verfüttert werden. Einmal abgekühlte Milch sollte nicht ein zweites Mal aufgewärmt werden.

Auf der anderen Seite kann es im Familienbett ziemlich eng und, wenn Familienmitglieder im Schlaf viel strampeln, durchaus auch schmerzhaft werden. Abhilfe kann hier ein größeres Bett schaffen, jedoch hat nicht jede Familie ausreichend Platz, um ein solches unterbringen zu können.

Auch wenn es Familienmitglieder gibt, die laut schnarchen oder den Schlaf der anderen auf andere Art stören, ist das Familienbett vielleicht nicht die beste Lösung.

Lange Zeit hieß es zudem, dass das Familienbett unsicher für die Kinder sei, weil Eltern sie im Schlaf ersticken könnten. Heute ist diese Vermutung nicht länger haltbar, wenn man einige Sicherheitsvorkehrungen beachtet:

VORKEHRUNGEN FÜR SICHEREN SCHLAF IM FAMILIENBETT

- Die Matratze sollte sauber und nicht zu weich sein.
- Das Kind sollte einen passenden Schlafsack tragen.
- Decken und Kissen sollten nicht in Nähe des Babys liegen.
- Das Baby sollte in Rückenlage schlafen.
- Die Raumtemperatur sollte 16 bis 18° C betragen.
- Die Umgebung sollte immer rauchfrei sein. Eltern sollten nicht im Familienbett schlafen, wenn sie Alkohol oder andere Drogen konsumiert haben.
- Wenn Elternteile krank sind, sollten sie ebenfalls nicht im Familienbett schlafen.
- Kuscheltiere, Nestchen, Schaffelle etc. gehören nicht mit ins Bett.
- Wasserbetten eignen sich nicht als Familienbetten.
- Das Kind sollte nicht in der Mitte, sondern an der Wand neben der Mutter schlafen.
- Es sollte keine Lücken geben, in die das Baby hineinrutschen könnte.
- Der Kopf des Babys sollte niemals bedeckt sein.
- Ausschließliches Stillen im ersten Lebenshalbjahr senkt das Risiko für den plötzlichen Kindstod signifikant.

Als Kritik wird auch oft angebracht, dass Kinder, die einmal im Elternbett schlafen, aus diesem freiwillig nicht wieder herausgehen würden. Diese Aussage ist gleichzeitig richtig und falsch: Es stimmt durchaus, dass Kinder in einem gewissen Altern nur ungern aus dem Familienbett ausziehen. Wenn sie immer so geschlafen haben, dort gut schlafen und sich wohlfühlen, dann werden sie diesen Schlafplatz zunächst nicht freiwillig räumen. Warum auch? Eltern sollten sich darüber jedoch keine allzu großen Sorgen machen.

Denn jedes Kind entwickelt früher oder später ein natürliches Bestreben, sich von den Eltern abzunabeln und selbstständig zu werden. Zu einem bestimmten Zeitpunkt wird somit jedes Kind freiwillig das Familienbett verlassen. Wenn wir dem Kind die Freiheit geben, diesen Zeitpunkt selber zu wählen, kann dieser Wechsel völlig ohne Tränen verlaufen. Dabei kommt es jedoch auch bei älteren Kindern regelmäßig vor, dass sie zeitweise wieder ins Elternbett kommen.

In vielen Kulturen ist das Familienbett auch heute die Standard-Schlafsituation für Familien. In Asien und vielen indigenen Völkern schlafen Eltern lange mit ihren Kindern in einem Bett. Dennoch lernen auch diese Kinder irgendwann, alleine zu schlafen.

„Wir schlafen im Familienbett"

Anita und Christian, 30 und 32 Jahre
Während der Schwangerschaft haben wir ein Babybay gebraucht gekauft. Mir erschien das Familienbett zu unsicher, gleichzeitig wollte ich mein Kind aber gerne so nah wie möglich bei mir am Bett haben.

Als unser Kind dann geboren wurde, entwickelte sich das Beistellbett ziemlich schnell zum Ablageplatz für alles Mögliche – nur nicht für das Baby.

Das Baby und ich schliefen die ersten Tage auf der Couch. So konnte Papa die Nacht durchschlafen und hat mich tagsüber dann abgelöst und mir etwas Freiraum verschafft, den fehlenden Schlaf der Nacht nachzuholen.

Als sich der Tag-Nacht-Rhythmus unseres Kindes dann langsam entwickelt hat, sind wir ins Familienbett gezogen. Dort konnte ich mein Kind nachts stillen, ohne aufzustehen. Da es lange alle zwei bis drei Stunden aufwachte und gestillt werden wollte, war das meine Rettung. Anders hätte ich diese Zeit nur schwer überstanden.

Anfangs haben wir das Babybett als Rausfallschutz genutzt, mittlerweile haben wir das Bett so hingestellt, dass drei Seiten an der Wand stehen und das Kind liegt ganz innen. Unser Bett ist ein Standardbett von IKEA mit zwei Matratzen zu je 90 x 180 cm. Momentan passt das für uns noch und wir haben alle genug Platz.

Unser Kind ist jetzt 15 Monate alt, und wir schlafen immer noch gerne im Familienbett. Ich empfinde es selber als sehr harmonisch, und wir fühlen uns so wohl.

Ein Elternteil schläft mit im Kinderzimmer

Eine weitere Variante ist, dass ein Elternteil zusammen mit dem Kind im Kinderzimmer schläft. Dies hat oft praktische Gründe, weil der andere Elternteil arbeitet und die Erholung braucht, um am nächsten Tag fit für den Job zu sein.

Möglich ist hier sowohl, dass man zusammen mit dem Kind in einem Bett schläft (dies sollte dann aber kein Kinderbett sein) oder ein Gästebett neben das Kinderbett stellt.

Das Baby allein im Kinderzimmer

Das Baby allein im Kinderzimmer schlafen zu lassen, ist eigentlich eine Option, von der abgeraten wird. Zur Vorbeugung des plötzlichen Kindstods wird geraten, dass das Kind mindestens die ersten zwölf Monate mit einem Erwachsenen im selben Raum schläft.

Dennoch habe ich oft von Eltern gehört, dass sie ihr Kind früh an ihr eigenes Zimmer gewöhnen wollten und es aus dem elterlichen Schlafzimmer ausquartiert haben.

Persönlich würde ich von dieser Alternative eindeutig abraten. Problematisch ist einfach, dass es deutlich länger dauert, bis Mutter oder Vater auf das Kind reagieren können (zunächst muss das Kind gehört werden, dann muss einer aufstehen, um in den anderen Raum zu gehen). Wenn ein Kind noch so klein ist, dass es in einem Gitterbett schläft, dann kann es dieses Bett aus eigener Kraft nicht verlassen. Wacht es nun in der Nacht auf und ist nicht in direkter Nähe zu seinen Eltern, ist es darauf angewiesen, dass diese es hören und zu ihm kommen.

Den eigenen Weg finden

Schlaf ist wichtig. Unglaublich wichtig. Für unser Wohlbefinden und unser Familienleben. Genau darum ist es hier besonders wichtig, zu schauen, wie alle Familienmitglieder zu möglichst viel Schlaf kommen und sich dabei wohlfühlen.

Wichtige Rahmenbedingungen

Wenn sich die Frage stellt, wie man als Familie schlafen möchte, dann sollten die Rahmenbedingungen immer einbezogen werden. Zu den Rahmenbedingungen zählt nicht nur die Umgebung, in der geschlafen werden soll, sondern auch die Eigenheiten und Besonderheiten der einzelnen Personen.

So wird aus Sicherheitsgründen davon abgeraten, dass Kinder im Bett der Eltern schlafen, wenn die Eltern Drogen, Alkohol oder Medikamente zu sich genommen haben.

Auch wenn ich als Mutter oder Vater viele Decken und Kissen im Bett brauche und diese in der Nacht „wandern", sollte das Kind besser auf der eigenen Matratze schlafen.

Zudem wird davon abgeraten, dass Kinder im Bett der Eltern schlafen, wenn die Eltern Drogen, Alkohol oder Medikamente zu sich genommen haben. Sie verändern das Schlafverhalten und können dazu beitragen, dass man deutlich tiefer schläft und nicht mehr so auf Signale des Kindes reagiert, wie das in nüchternem Zustand der Fall wäre.

Fragebogen

Welche Gedanken hast du, wenn du an die Schlafsituation denkst?
Wie fühlst du dich dabei?

_____

Hast du ganz klare Vorstellungen, was du machen möchtest oder
bist du eher unsicher?

_____

Wer beeinflusst deine Meinung zu dem Thema?

_____

Hast du Sorge, deine Wünsche einer bestimmten Person
mitzuteilen? Warum?

_____

Was glaubst du, ist das Beste für dich? Was ist das Beste
für dein Baby? Was ist das Beste für euch als Familie?

_____

Fühlst du dich gut informiert?

_____

Welche Informationen fehlen dir noch?
Welche Fragen sind noch offen?

_____

_____

Falls du dich noch nicht ausreichend informiert fühlst oder dir Sorgen machst, kannst du an folgenden Stellen weitere Informationen oder Hilfestellungen erhalten:

https://www.kindergesundheit-info.de/
Auf der Seite der Bundeszentrale für gesundheitliche Aufklärung findest du viele Informationen zum Thema Schlaf. Um alle relevanten Artikel zu finden, gib in das Suchfeld (das Feld mit der kleinen Lupe) das Stichwort Schlaf (eventuell in Kombination mit Baby) ein.

Buchtipp: Schlaf gut, Baby! Der sanfte Weg zu ruhigeren Nächten Dr. Med. Herbert Renz-Polster und Nora Imlau geben Einblicke in das Schlafverhalten von Babys und Kindern. Sie zeigen auf, woher bestimmte Verhaltensweisen rühren und ermutigen zu einer veränderten Sichtweise. Praktische Tipps und Empfehlungen runden das Buch ab.

https://geborgen-wachsen.de/tag/familienbett/
Auf dem Blog von Susanne Mierau findest du zahlreiche Artikel zum Thema Babyschlaf, viele davon befassen sich auch mit dem Familienbett.

Vorsicht vor Internetseiten, die dir versprechen, dass dein Baby mit wenigen Maßnahmen durchschlafen wird.

Solche Webseiten wurden oft einzig und allein dazu erstellt, verzweifelten Eltern Geld aus der Tasche zu locken. Die Tipps, die du hier erhältst, sind in den meisten Fällen aus anderen Ratgebern übernommen, und die Autoren haben fast immer wenig bis gar kein praktisches Wissen.

STILLEN ODER FLASCHE?

Das Thema Stillen ist ein sehr sensibles, bei dem die Emotionen schnell hochkochen. Heutzutage haben wir Frauen – eigentlich – die Wahl, ob wir stillen möchten oder nicht. Stillen ist Liebe – Fläschchen geben auch!

Flaschenmilch würde unser Baby satt machen und sorgt dafür, dass Frauen ihr Baby auch dann versorgen können, wenn sie nicht stillen können oder wollen, argumentieren die einen.

Stillberaterinnen, Hebammen, Ärzte und andere kämpfen jedoch dafür, dass möglichst keine Frau sich schon in der Schwangerschaft gegen das Stillen entscheidet und es zumindest probiert. Muttermilch sei das Beste für unsere Babys. Dabei passiert es leider schnell, dass Mütter, die nicht stillen – aus welchen Gründen auch immer – herabgestuft werden. Sie seien schlechte Mütter, würden egoistisch handeln und ihre eigenen Bedürfnisse über die ihrer Kinder stellen.

Wenn eine Mutter ihrem Baby das Fläschchen gibt, dann muss sie sich unter Umständen blöde Bemerkungen anhören.

Auf der anderen Seite ist auch das Stillen nicht immer gern gesehen. Wer in der Öffentlichkeit seinem Baby die Brust gibt, der soll das doch bitte diskret machen und sich eventuell gar auf die Toilette zurückziehen.

Letztendlich ist es jedoch eine Entscheidung, die wir Mütter für uns und unsere Kinder treffen müssen. Wir müssen mit dieser Entscheidung glücklich sein und sollten uns durch niemanden gezwungen fühlen.

Stillen

Stillen ist ein Wunder und gleichzeitig das Natürlichste der Welt. Es gibt heute etwa 5.400 Säugetierarten, die ihre Jungen auf diese Art ernähren und großziehen. Die Muttermilch ist dabei immer exakt an die Bedürfnisse der jeweiligen Art angepasst.

Auch die Muttermilch für unsere Babys ist perfekt auf deren Bedürfnisse abgestimmt und die ideale Nahrung für die ersten Monate.

Stillen ist dabei allerdings noch viel mehr als reine Nahrungsaufnahme: Es ist auch Nähe, Zuwendung und Aufmerksamkeit. Wenn eine Frau stillt, bedeutet dies, dass sie viel Zeit mit ihrem Kind verbringt.

Vielleicht mag man das Stillen als Bürde oder ungeliebte Pflicht betrachten, vielleicht tut es am Anfang weh. Doch alle Stillmamas erleben sicherlich diese Momente, in denen das eigene Baby zufrieden an der Brust trinkt und dabei sanft wegschlummert. Man betrachtet sein Baby, sein kleines Gesicht, und während dieses kleine Wesen da liegt und trinkt, wird man von Liebe förmlich überschwemmt.

Stillen ist aber nicht nur toll.

Manchmal hat man einen schweren Start, manchmal holpert es mitten auf dem Weg. Doch immer wird es auch die schönen, die innigen und intimen Momente geben. Stillen entschleunigt. Es zwingt uns, uns ganz viel Zeit für unser Baby zu nehmen. Mit ihm zu liegen. Es im Arm zu halten. An der Brust zu halten.

In einer Zeit, in der alles daran gemessen wird, wie effektiv es ist, schafft uns das Stillen Inseln. Inseln, um bewusst zu genießen. Bewusst unser Kind anzuschauen. Bewusst innezuhalten.

Während unser Kind die Nahrung aufnimmt, nimmt es gleichzeitig noch so viel mehr auf: Geborgenheit, Zuwendung, Liebe.

Es gibt kein schneller. Keinen Zeitplan. An der Brust gibt das Kind das Tempo vor.

 EMPFEHLUNGEN DER WHO ZUM STILLEN

Die WHO empfiehlt Frauen, ihr Kind in den ersten sechs Monaten ausschließlich zu stillen und darüber hinaus bei geeigneter Beikost bis zum zweiten Geburtstag und länger zu stillen, um optimales Wachstum, Entwicklung und Gesundheit des Kindes zu gewährleisten und gleichzeitig den steigenden Nährstoffbedarf von Kleinkindern zu decken.

Wunderelixier Muttermilch

Dass Muttermilch das Beste ist, was wir unseren Babys in den ersten Monaten füttern können, sollte außer Frage stehen.

Muttermilch ist schlicht und ergreifend die Nahrung, die für Babys vorgesehen ist. Seit unserer Entstehung werden unsere Babys auf diese Art versorgt, und im Laufe der Jahrtausende passte sich die Muttermilch ideal an die Bedürfnisse unserer Kinder an.

Keine Pulvermilch kommt an die Zusammensetzung der Muttermilch heran, und Werbeslogans wie „Nach dem Vorbild der Natur" werden von Verbraucherschützern und der Nationalen Stillkommission als irreführend, idealisierend und dabei sachlich falsch bezeichnet.

Nur Muttermilch bietet alle Nährstoffe, die Kinder in den ersten Monaten benötigen, in idealer Konzentration (sie enthält sechsmal mehr Nährstoffe als Pulvermilch). Sie passt sich dabei nicht nur an die verschiedenen Entwicklungsphasen des Kindes an, sondern sogar an die verschiedenen Tageszeiten. So kann Muttermilch dazu beitragen, dass sich der Tag-Nacht-Rhythmus des Babys entwickelt.

Muttermilch hat immer die richtige Temperatur und ist (direkt aus der Brust) hygienisch einwandfrei.

UNERWÜNSCHTE STOFFE IN DER MUTTERMILCH VERMEIDEN

Neben all den Vorteilen, die Muttermilch mit sich bringt, gibt es aber natürlich auch Nachteile: In die Muttermilch gelangt, was die Mutter zu sich nimmt.

Dazu gehören auch Alkohol, Medikamente oder Drogen. Bestenfalls sollte die Mutter während der Stillzeit also auf diese Stoffe verzichten. Wenn dies nicht möglich oder nicht erwünscht ist, sollte Folgendes beachtet werden:

- Medikamente sollten immer in Absprache mit dem behandelnden Arzt genommen werden. Medikamente sollten nicht eigenständig abgesetzt werden. Auf der Seite https://www.embryotox.de/ kann man sich über verschiedene Medikamente und ihre Wirkung auf ungeborene oder gestillte Kinder informieren.
- Alkohol sollte frühestens konsumiert werden, wenn sich Milchmenge und Stillrhythmus eingependelt haben (etwa nach einem Monat). Es sollte niemals hochprozentiger Alkohol konsumiert werden, einen Rausch gilt es zu vermeiden. Vor dem Konsum von Alkohol sollte genug Muttermilch abgepumpt werden, um das Baby auch in dieser Zeit füttern zu können. Alkohol im besten Fall direkt nach dem Stillen oder Abpumpen konsumieren und nach einem Glas Wein auf etwas Alkoholfreies umsteigen.
  Wie schnell der Alkohol abgebaut wird, ist vom Alkoholgehalt, dem Körpergewicht und weiteren Faktoren abhängig. Man kann jedoch davon ausgehen, dass nach drei bis vier Stunden der Alkohol eines Standardgetränks abgebaut wurde (der höchste Alkoholgehalt im Blut und somit auch der Milch wird etwa 30 bis 90 Minuten nach dem Konsum erreicht).
  Eine Stillmahlzeit sollte man in dieser Zeit dennoch nicht ausfallen lassen. Milch, die noch Restalkohol enthalten könnte, wird in dieser Zeit abgepumpt und entsorgt.

- Zigaretten sollten während der Stillzeit ebenfalls möglichst nicht konsumiert werden, trotzdem ist Rauchen kein Grund, das Stillen zu unterlassen, und Ärzte empfehlen auch rauchenden Müttern, die ersten vier bis sechs Monate voll zu stillen und danach neben der Beikost nach Bedarf weiter zu stillen.
  Wird weiterhin geraucht, ist jede Einschränkung ein Gewinn für das Kind: Jede Zigarette weniger ist gut. Geraucht werden sollte möglichst direkt nach dem Stillen, im Anschluss sollte man Hände und Gesicht gründlich waschen (nach Möglichkeit sogar die Kleidung wechseln, da abgelagerter Tabakrauch besonders schädlich ist) und vor dem nächsten Stillen etwa zwei Stunden vergehen lassen, wenn das Kind dies schafft.
  In den Wohnräumen oder in Gegenwart des Babys sollte das Rauchen unterlassen werden.

Muttermilch unterstützt das Immunsystem unseres Kindes und hilft, eine gute Darmflora aufzubauen: Sie enthält eine Vielzahl an Mikroorganismen wie zum Beispiel Streptokokken, Enterokokken, Laktobazillen und Bifiduskeime. Auch in Deutschland sind gestillte Kinder seltener krank und seltener wird ein Krankenhausbesuch notwendig. Bei Kindern, die in den ersten vier bis sechs Monaten ausschließlich gestillt werden, reduziert sich die Zahl der Infektionen im Säuglingsalter um 40 bis 70 Prozent, die Zahl der Krankenhausaufnahmen im ersten Lebensjahr um mehr als 50 Prozent.

Insgesamt schneidet Muttermilch deutlich besser ab als die Pulvermilch, und in Deutschland stillen 80 bis 90 Prozent der Frauen ihre Kinder – wenn auch nur kurz.

STILLDAUER IN DEUTSCHLAND

2003 bis 2006 lag die durchschnittliche Stilldauer in Deutschland bei 6,9 Monaten, 77,6 Prozent der Mütter stillten weniger als die empfohlenen sechs Monate voll.
- Nach 9 Monaten hatten etwa 79 Prozent der Mütter abgestillt.
- Nach 12 Monaten hatten etwa 92 Prozent der Mütter abgestillt.
- Nach 18 Monaten hatten etwa 97 Prozent der Mütter abgestillt.
- Nach 24 Monaten hatten mehr als 99 Prozent der Mütter abgestillt.

Vorteile des Stillens für die Mutter

Stillen bietet darüber hinaus auch für die Mutter gesundheitliche Vorteile.

Kurzfristig fördert es die Rückbildung der Gebärmutter: Das beim Stillen ausgeschüttete Hormon Oxytocin löst Kontraktionen in der Gebärmutter aus. Diese sogenannten Stillwehen üben Druck auf die Gefäße aus, was zur Blutungsstillung und Abstoßung von Wundsekret führt. Die Gebärmutter bildet sich schneller zurück, und es wird gleichzeitig Blutarmut und Eisenmangel vorgebeugt.

Mütter, die nicht stillen, haben hingegen oft einen verlängerten Wochenfluss und verlieren insgesamt mehr Blut im Wochenbett, da die Kontraktionen deutlich schwächer ausfallen.

Des Weiteren wirkt Oxytocin als „Bindungshormon" und fördert die Bindung zwischen Mutter und Kind, verringert das allgemeine Stresslevel und beugt so einer Wochenbettdepression vor. Stillende Mütter leiden darum seltener an postpartalen Depressionen.

Auch ihr Ausgangsgewicht (das Gewicht vor der Schwangerschaft) erreichen Mütter, die stillen, oft schneller, da das Stillen viel Energie verbraucht.

Und auch langfristig scheinen Mütter vom Stillen zu profitieren. Sie haben ein geringeres statistisches Risiko für Krankheiten wie Brust- und Eierstockkrebs, Diabetes Mellitus Typ II, Herz-Kreislauf-Erkrankungen, Osteoporose und Endometriose. Eine schwedische Studie konnte zeigen, dass Frauen, die länger als ein Jahr stillten, ein geringeres Risiko für rheumatoide Arthritis aufwiesen.

WER STILLT, DER SPART

Muttermilch ist nicht nur das Beste für Mutter und Kind, sondern auch für die Geldbörse: Pro Monat investieren Eltern, die ihrem Baby Säuglingsmilch geben, rund 125 Euro in Milchpulver, Flaschen und Sauger. Bei einer Stilldauer von sechs Monaten spart man so etwa 750 Euro.

Die Mär von zu wenig Milch

Frauen, die zum ersten Mal schwanger sind und gerne stillen möchten, haben vor allem vor zwei Dingen Angst: vor Schmerzen und davor, zu wenig Milch zu haben.

Fast jeder bekommt früher oder später von der einen oder anderen Freundin zu hören, dass diese gerne stillen wollte, aber einfach nicht genügend Milch hatte. Zusätzlich kursieren im Internet wilde Geschichten von Stillkindern, die gestorben sind, weil sie nicht genug Nährstoffe erhalten haben.

Dabei haben nur sehr wenige Frauen wirklich zu wenig Milch, und dass ein Stillkind quasi an der Brust verhungert, ist extrem selten und dann immer einer Krankheit geschuldet.

Warum denken aber so viele Frauen, dass sie zu wenig Milch hätten? Hier gibt es mehrere Faktoren, die eine Rolle spielen könnten:

1. Weiche Brust

Zu Anfang der Stillbeziehung ist die Brust eher weich, und das Kind trinkt die Vormilch, von der keine großen Mengen produziert werden. Einige Tage später folgt dann der eigentliche Milcheinschuss. Nun ist die Brust prall, hart und schmerzt teilweise sogar. Milch läuft eventuell aus, und wer abpumpt, hat oft viel Milch in kurzer Zeit.

Wenn sich die Stillbeziehung dann jedoch eingespielt hat, wird nur noch so viel Milch produziert, wie das Kind benötigt. Die Brust ist nun die meiste Zeit über eher weich und nicht mehr so prall wie beim Milcheinschuss. Viele Frauen sehen dies nun aber als Zeichen dafür, dass sie weniger Milch haben und fragen sich, ob die Milch für ihr Kind noch reicht.

In der Regel kann man hier jedoch beruhigt sein. Die Milchmenge hat sich einfach an die Bedürfnisse des Kindes angepasst. Dabei kann der Bedarf schnell angepasst werden, wenn das Kind mehr oder weniger stillt.

Selbst eine ganz weiche (oder umgangssprachlich „leere") Brust nach dem Stillen ist nicht komplett leer. Milch wird ständig produziert, und das Stillen regt die Produktion wieder an.

2. Beim Abpumpen kommt keine Milch

Die meisten Mütter probieren irgendwann, Muttermilch abzupumpen. Es ist praktisch, weil so auch der Papa mal das Kind füttern kann, und gibt Mama zumindest ein bisschen Freiraum.

Zum Zeitpunkt des Milcheinschusses haben viele Frauen keine Probleme, genügend Milch für eine Mahlzeit abzupumpen. Später, wenn sich die Milchproduktion an die Bedürfnisse des Kindes angepasst hat, kann dies jedoch anders aussehen.

Milchpumpen sind deutlich weniger effektiv als unsere Babys beim Stillen, und wenn das Baby gerade erst gestillt wurde, ist es nicht ungewöhnlich, dass die Pumpe keinen Tropfen mehr aus der Brust herausbekommt.

Dies ist jedoch kein Zeichen dafür, dass das Baby nicht genug Milch erhält.

Beim Abpumpen sollte man immer bedenken, dass die produzierte Menge ideal auf das Kind abgestimmt ist. Wer nun abpumpen möchte, braucht zu einem bestimmten Zeitpunkt mehr Milch, als das Kind eigentlich trinken würde. Darum ist es nicht ratsam, viel Muttermilch auf einmal abzupumpen. Man sollte lieber kleine Mengen in mehreren Sitzungen pumpen.

Über die Milchmenge kann man nur aufgrund der abgepumpten Menge keine Rückschlüsse ziehen.

3. „Clustern" des Kindes

Die Frage, ob sie zu wenig Milch haben, stellen Mütter sich weniger in den ersten Tagen, sondern meist erst nach einigen Wochen. Wenn das Baby etwas älter ist und schon mehr trinkt.

Bestärkt wird diese Sorge, wenn das Kind plötzlich phasenweise extrem lange und oft an die Brust möchte. „Clustern" nennt man dieses Verhalten, das Kinder gerne auch nachts zeigen. Sie wollen dann über mehrere Stunden immer wieder an die Brust und trinken dort lange und ausgiebig.

Für Mütter sind diese Phasen sehr belastend, und schnell fragt man sich, warum das Kind sich so verhält. Wird es nicht mehr satt? Bekommt es nicht genug Nährstoffe?

Doch Clustern ist in der Regel kein Zeichen dafür, dass ein Kind an der Brust nicht satt wird. Vielmehr steckt dahinter, dass das Kind in einem Entwicklungsschub einfach mehr Milch und Nähe braucht als sonst und die Milchproduktion ankurbelt. Denn neben der Nahrungsaufnahme bekommen Kinder über das Clustern auch mehr Körperkontakt, Nähe und Zuwendung, die sie vielleicht gerade brauchen.

Clustern ist somit kein Hinweis darauf, dass die Milch nicht reicht, sondern eine normale Phase in der Stillbeziehung.

4. Verdeckte Motive

Neben den vermeintlichen Anzeichen, die schnell als Milchmangel gedeutet werden, gibt es jedoch auch noch den Fall, dass Frau sich einfach gegen das Stillen entschieden hat, zu dieser Entscheidung aber nicht offen stehen kann und möchte. Der gesellschaftliche Druck ist enorm, und niemand möchte gerne in den Augen der anderen als schlechte Mutter dastehen.

Da erscheint es manchmal einfacher, vorzuschieben, dass man zu wenig Milch hatte. Manchmal kann tatsächlich die Abneigung gegen das Stillen dazu führen, dass weniger Milch produziert wird, oft wäre aber theoretisch genug Milch da. Durch seltenes Anlegen und lange Stillintervalle nimmt die Milchproduktion jedoch ab.

In den meisten Fällen bekommen Babys also genug Milch, auch wenn es Anzeichen gibt, die dagegensprechen könnten. Woran merkt man denn aber, dass die Milch tatsächlich ausreicht?

Woran man merkt, dass das Kind genug Milch bekommt

Auch ich selber hatte manchmal die Sorge, dass mein Baby nicht genügend Milch bekommt. Man möchte ja nur das Beste für sein Baby, und da die Kleinen einem nicht sagen können, ob sie satt sind oder nicht, wünscht man sich nicht selten etwas Sicherheit. Wenn du Angst hast, dass deine Milch nicht ausreicht, hilft es dir vielleicht zu wissen, dass ein Baby genug Milch bekommt, wenn

- ab dem siebten Lebenstag innerhalb von 24 Stunden mindestens vier bis fünf Einmalwindeln oder sechs bis acht Stoffwindeln von Urin durchnässt sind.
- das Baby in den ersten drei Monaten im Schnitt 200 g (mind. 140 g) in der Woche zunimmt.
- das Baby in den folgenden drei Monaten durchschnittlich 100–140 g (min. 70 g) in der Woche zunimmt.
- das Baby im siebten bis zwölften Monat durchschnittlich 40–120 g in der Woche zunimmt.

Allerdings sollte man hierbei beachten, dass die Gewichtszunahme immer individuell ist und auch kurzzeitig unter diesen Werten liegen kann. Solange dein Baby regelmäßig aktive Phasen hat, zufrieden wirkt und die Haut rosig ist, weist dies darauf hin, dass dein Baby genug Milch bekommt. Auch gelten diese Werte nur für termingerecht geborene Babys, die gesund sind.

In der Regel wird das Gewicht des Babys zu Anfang regelmäßig von deiner Hebamme kontrolliert und später vom Kinderarzt. Wenn hier gesagt wird, dass alles in Ordnung ist, kannst du beruhigt darauf vertrauen.

EINGESUNKENE FONTANELLE ALS WARNSIGNAL

Die Fontanellen sind Bereiche am Schädel eines Babys, an denen die Schädelknochen noch nicht zusammengewachsen sind. Sie erleichtern den Geburtsvorgang und ermöglichen das rasante Gehirn- und Kopfwachstum in den ersten Jahren.

Die Fontanelle kann man mit den Händen erfühlen: Die kleine Fontanelle liegt etwa eine Handbreit über dem Nacken, am Hinterkopf, die größere Fontanelle liegt oben auf dem Kopf, mittig, oberhalb der Stirn.

Bei Babys, die gesund und gut versorgt sind, pulsiert die Fontanelle und ist weder eingefallen noch gewölbt.

Wenn die Fontanelle stark einfällt und sich deutlich nach innen wölbt, kann dies ein Zeichen für einen Flüssigkeitsmangel sein. In diesem Fall sollte ein Arzt aufgesucht werden.

Weitere Anhaltspunkte dafür, dass ein Baby genug Milch bekommt, sind:

- Das Baby schluckt hör- und sichtbar.
- Milch läuft aus den Mundwinkeln oder ist in diesen sichtbar.
- Das Baby entspannt beim Stillen: Die Fäustchen öffnen sich, der Körper wird locker.
- Die Brust wird weicher (dieses Gefühl ist allerdings in der ersten Zeit besonders ausgeprägt und nimmt später ab).

Anhand des Stuhlgangs kann man nicht unbedingt festmachen, ob ein Baby genug trinkt. Bei Stillkindern ist es durchaus nicht ungewöhnlich, wenn sie auch mehrere Tage hintereinander keinen Stuhlgang haben. Hier gilt als Faustregel „fünfmal am Tag bis zu einmal alle fünf Tage", wobei es auch normal sein kann, wenn ein Baby deutlich länger nicht in die Windel macht.

In vielen Fällen besteht also kein Grund zur Sorge. Wenn du dir trotzdem unsicher bist oder gar bei einem oder mehreren Punkten das Gefühl hast, dass diese nicht auf dein Baby zutreffen, dann wende dich an deine Hebamme, deinen Arzt oder auch eine Stillberaterin.

Muttermilch abpumpen

Milchpumpen ermöglichen es uns heute auch dann, Muttermilch zu füttern, wenn das Stillen aus der Brust schwierig wäre. Gründe für das Abpumpen sind meist Schmerzen beim Stillen oder zeitliche Probleme (zum Beispiel, weil die Frau schnell wieder arbeiten muss oder möchte). Auch Frühgeborene erhalten zunächst abgepumpte Muttermilch, wenn sie noch zu schwach zum Stillen wären.

Wenn es gute Gründe für das Abpumpen gibt, bekommt man leistungsstarke elektrische Milchpumpen auf Rezept in der Apotheke. Man zahlt lediglich eine Leihgebühr und muss die zugehörigen Fläschchen selber kaufen. Das Rezept für eine Muttermilchpumpe zu bekommen, ist dabei manchmal nicht so einfach: Theoretisch kann dies jeder ausstellen, wenn eine Indikation vorliegt, praktisch gibt es aber manchmal die Unterteilung, dass der Kinderarzt nur ein Rezept gibt, wenn die Milchpumpe gebraucht wird, weil das Kind nicht stillen kann und der Gynäkologe nur ein Rezept gibt, wenn die Mutter nicht stillen kann.

Wer hingegen nur hin und wieder etwas abpumpen möchte, um ein bisschen Freiraum zu haben, bekommt Handmilchpumpen oder kleine elektrische Geräte im Einzelhandel oder online.

Muttermilch, die man innerhalb von zwölf Stunden abpumpt, kann man zusammenfügen. Im Kühlschrank hält sich Muttermilch etwa drei Tage, im Tiefkühler etwa sechs Monate. Manche Babys mögen Milch aus dem Tiefkühler jedoch nicht trinken, weil der Geschmack sich leicht verändern kann. Hier lohnt es sich also zunächst zu testen, bevor man einen großen Vorrat anlegt. Zudem gehen beim Einfrieren gewisse Inhaltsstoffe kaputt, von daher ist es sinnvoll, die Milch so frisch wie möglich zu verfüttern, sofern dies möglich ist.

Wenn man Milch erwärmt, sollte diese danach nicht wieder gekühlt und erneut erwärmt werden. Wenn das Baby die Flasche nicht leertrinkt, sollte der Rest entsorgt werden. Darum empfiehlt es sich, immer nur kleine Mengen zu erwärmen und lieber mehrere Portionen zuzubereiten.

ÜBERSCHÜSSIGE MUTTERMILCH NUTZEN

Muttermilch, die du deinem Baby nicht mehr geben magst (oder die vom Baby einfach nicht getrunken wurde), musst du nicht entsorgen. Du kannst sie weiterhin als Badezusatz für dein Baby nutzen oder eine Muttermilchcreme selber herstellen und so die empfindliche Haut pflegen. Lediglich Muttermilch, die schon unangenehm riecht, sollte komplett entsorgt werden.

Saugverwirrung

Vielen Müttern, die stillen, wird am Anfang empfohlen, dem Kind weder einen Schnuller noch ein Fläschchen anzubieten. Das Kind könnte dadurch eine Saugverwirrung entwickeln und wäre dann nicht mehr in der Lage, effektiv zu stillen.

Eine Saugverwirrung entwickeln dabei nicht alle Kinder, sondern nur ein Teil (Schätzungen gehen von weniger als der Hälfte aller Kinder aus). Da man jedoch nicht weiß, welches Kind eine Saugverwirrung entwickelt und welches nicht, wird allen Frauen empfohlen, in den ersten Tagen und Wochen nach der Geburt auf künstliche Sauger zu verzichten.

Die Gefahr einer Saugverwirrung ist in den ersten sechs bis acht Wochen am größten, aber auch danach kann eine Saugverwirrung noch jederzeit auftreten.

SCHNULLER ALS BRUSTERSATZ

Auch die Frage nach dem Schnuller spaltet die Elternschaft und Experten.

Klar ist, dass ein Schnuller durchaus dafür sorgen kann, dass ein Kind weniger schreit und zufriedener wirkt. Eltern können so unter Umständen Kraft tanken, und das Familienleben läuft entspannter ab.

Auf der anderen Seite bringt der Schnuller auch einige Nachteile mit sich, über die man sich im Klaren sein sollte:
- Der Schnuller ist ein künstlicher Sauger und kann zu einer Saugverwirrung führen.

- In der Zeit, in der ein Kind „schnullert", wird es nicht gestillt. Da stillen jedoch wichtig ist, um die Milchproduktion anzuregen, kann häufiges Benutzen eines Schnullers dazu führen, dass die Milchmenge nicht mehr ausreicht.
- Kinder, die keinen Schnuller benutzen, erkranken seltener an Mittelohrentzündungen.
- Kinder, die sich einmal an ihren Schnuller gewöhnt haben, geben diesen nur ungern wieder ab. Die Abgewöhnung kann für die gesamte Familie als sehr belastend empfunden werden.
- Kinder, die zu lange und häufig einen Schnuller verwenden, haben ein erhöhtes Risiko für Kieferfehlstellungen und benötigen öfter eine logopädische Behandlung.

Was die meisten Eltern überrascht, ist, dass viele Kinder einen Schnuller zunächst ablehnen. In Foren oder älteren Ratgebern wird dann empfohlen, den Schnuller in etwas Süßes zu tauchen oder ihn so lange im Mund zu fixieren, bis das Kind aufhört, ihn mit der Zunge hinauszuschieben. Solche Taktiken sollten unter keinen Umständen angewandt werden. Wenn ein Baby den Schnuller wieder ausspuckt, kann man zwar versuchen, ein anderes Modell anzubieten (manche Babys sind da sehr wählerisch), letztendlich sollte die Entscheidung des Kindes aber immer akzeptiert werden.

Wenn man den Verdacht hat, dass das eigene Kind eine Saugverwirrung entwickelt hat, sollte man sich an eine Hebamme oder Stillberaterin wenden. Auch nach dem Wochenbett haben stillende Frauen noch Anspruch auf Beratung durch eine Hebamme. Bis zu acht Termine werden von den Krankenkassen übernommen.

„Ich stille"

Anke, 31 Jahre

Für mich war schon während der Schwangerschaft klar, dass ich stillen würde.

Im Krankenhaus habe ich unser Kind dann auch direkt nach der Geburt angelegt. Es trank sofort und alles schien bestens zu klappen.

Den Milcheinschuss habe ich nicht unangenehm in Erinnerung, und die ersten Tage lief alles wirklich gut.

Als wir dann zu Hause waren, traten jedoch erste Probleme auf. Ich legte das Baby an und hatte starke Schmerzen. Ich befragte meine Hebamme und las in Ratgebern, dass das nicht sein sollte und dass das Baby dann falsch angelegt sei. Also löste ich ab und versuchte es erneut. Doch die Schmerzen ließen nicht nach.

Irgendwann war nicht nur ich verzweifelt, sondern auch mein Kind, das nicht in Ruhe trinken konnte, weil ich es ständig ablöste. Die Schmerzen waren teilweise kaum auszuhalten.

Letztendlich bekam ich eine Milchpumpe verschrieben und pumpte neben dem Stillen etwas ab. Mit der Zeit beruhigte sich die Situation, und es klappte immer besser und schmerzfreier. Ich wurde entspannter, machte mir nicht mehr so viele Gedanken und Sorgen, und dadurch wurde auch mein Baby entspannter.

Irgendwann stellte ich zusammen mit meiner Stillberaterin fest, dass die Schmerzen wirklich nicht daher kamen, dass ich falsch angelegt habe, sondern dass ich anfangs den Milchspendereflex als schmerzhaft empfand. Mit der Zeit gewöhnte ich mich aber einfach an diesen, und am Ende spürte ich ihn nur noch als leichtes Kribbeln.

Manchmal hat es mich gestört, dass ich ständig beim Kind sein musste. Dass nicht mein Mann auch mal etwas übernehmen konnte. Dass ich immer schauen musste, dass ich stillfreundliche Kleidung trug.

Noch viel mehr habe ich es aber auch genossen. Wenn das Baby friedlich trank und dabei einschlummerte. Wenn ich das Kind in fast jeder Situation beruhigen und trösten konnte.

Stillen ist nicht nur Nahrung für den Bauch, sondern auch für die Seele. Für das Baby genauso wir für die Mama. Man muss sich darauf einlassen. Vom alten Lebensstil Abschied nehmen und das Schöne in dieser Abhängigkeit sehen.

Insgesamt habe ich etwa 15 Monate lang gestillt und es sehr gerne getan. Irgendwann waren wir sehr routiniert darin, und besonders am Abend empfand ich es als sehr große Erleichterung, da unser Kind beim Stillen eigentlich immer innerhalb einiger Minuten einschlief.

Auch war das Stillen wunderbar, um zu beruhigen, wenn das Kind weinte oder schrie. Auch wenn es einfach angespannt war und ich merkte, dass eine Pause nötig war, hat das Stillen immer geholfen.

Praktisch fand ich darüber hinaus einfach, dass wir kein Geld dafür ausgeben mussten und uns keine Gedanken über die Temperatur oder die Hygiene machen mussten (also abgesehen vom normalen Waschen).

Säuglingsmilch

Wer nicht stillen möchte oder kann, hat heute zum Glück die Möglichkeit, seinem Kind Flaschenmilch zu geben.

Dabei sollten man sich darüber im Klaren sein, dass Flaschenmilch einem Kind nicht das bieten kann, was die Muttermilch bietet. Zumindest was die Nährstoffe angeht, wird die Muttermilch immer überlegen sein.

Doch all die anderen Dinge, die beim Stillen ebenso wichtig sind, können auch Flaschenkinder erhalten. Auch wenn man ein Fläschchen gibt, kann man dies ganz in Ruhe tun. Sich viel Zeit nehmen, das Kind im Arm halten und ihm Nähe und Zuwendung schenken.

Auch zum Flaschegeben kann man sich das Kind auf ein Stillkissen ganz nah an den eigenen Körper legen und während des Fütterns ausgiebig kuscheln.

Was beim Stillen oft automatisch abläuft, muss man beim Flaschegeben manchmal bewusst einrichten, aber wenn man dies tut, wird ein Flaschenkind ebenso geborgen aufwachsen wie ein Stillkind.

Wichtig ist, dass wir uns auch hier für unser Baby ganz viel Zeit nehmen. Aus einer Flasche trinken Babys meist deutlich schneller und weniger häufig (da sie größere Mengen auf einmal zu sich nehmen), dies befriedigt jedoch nicht ihr ausgeprägtes Bedürfnis nach Nähe. Wenn Zuwendung und Nahrungsaufnahme nicht mehr aneinander gekoppelt sind, müssen wir aufpassen, dass wir nicht unser Nähebedürfnis als Maßstab nehmen.

Eigentlich sollten wir unserem Baby in den ersten Wochen und Monaten ständig Aufmerksamkeit schenken. Im Alltag ist das oft nicht so einfach, und durch das Stillen wird die Mutter förmlich dazu gezwungen. Mütter, die die Flasche geben, sollten sich diese Zeiten jedoch in ähnlichem Maße nehmen – ebenso wie andere Bezugspersonen.

Wenn man mal in einem Drogeriemarkt in der Babyabteilung schaut, dann wird man von dem Angebot an Säuglingsmilch förmlich erschlagen. Es gibt nicht nur von vielen verschiedenen Herstellern Milch, sondern auch jeweils verschiedene Ausführungen.

Unterschieden wird zwischen Pre-Milch, Anfangs- (1er-Milch), Folgemilch (2er-Milch) und HA-Milch. Zusätzlich gibt es spezielle Milch für Babys mit einer Kuhmilchallergie, Heilnahrung und Frühchenmilch.

Pre-Milch

Pre-Milch (auch Startermilch) ist dabei die Milch, die der Muttermilch am ähnlichsten ist. Der Kohlenhydratanteil besteht ausschließlich aus Laktose (Milchzucker), sie enthält also keine weiteren Zucker oder Kohlenhydrate. Auch das Eiweiß ist dem in der Muttermilch sehr ähnlich. Auf der Verpackung steht meist, dass diese Milch für die ersten vier bis sechs Lebenswochen gedacht ist, laut dem Forschungsinstitut für Kinderernährung kann man Babys damit aber auch das komplette erste Lebensjahr füttern.

Pre-Milch gibt es von verschiedenen Herstellern, und obwohl die gesetzlichen Vorgaben sehr streng sind und die Milche sich stark ähneln, vertragen Babys manchmal die Milch des einen Herstellers besser als die des anderen. In der Regel sollte man darum bei einer Milch bleiben und die Marke (zumindest am Anfang) nicht häufig wechseln.

Wenn man den Verdacht hat, dass das Baby die Milch nicht gut verträgt, kann man auf eine andere umsteigen. Am besten bespricht man dieses Vorhaben mit seiner Hebamme. Da der Magen-Darm-Trakt unserer Babys sehr empfindlich und störanfällig ist, ist eine solche Umstellung manchmal nicht ganz leicht und führt zunächst zu Verstopfung, Durchfall oder Bauchweh. Wenn man die Milch gewechselt hat, sollte man dem Verdauungssystem Zeit geben, sich an diese Umstellung zu gewöhnen.

 DARF MAN PRE-MILCH VERDÜNNEN?

Wenn ein Kind, das mit Pre-Milch gefüttert wird, zu schnell zunimmt oder gefühlt zu viel trinkt, kommt man schnell in Versuchung, die Milch zu strecken, indem man weniger Pulver ins Wasser rührt als angegeben.

Dies sollte man aber unter keinen Umständen tun, solange das Kind noch ausschließlich Milchnahrung erhält. Da die Nieren von kleinen Babys die Arbeit noch nicht vollständig aufgenommen haben, können große Mengen an Wasser nicht schnell genug verarbeitet und wieder ausgeschieden werden.

Die Folge könnte eine Wasservergiftung sein, die für Kinder tödlich enden kann.

In der Regel sagt man, dass Babys ihren Nährstoffbedarf sehr gut einschätzen und sich Fettpolster schnell verwachsen. Solltest du dir Sorgen um das Gewicht deines Kindes machen, ist der Kinderarzt der richtige Ansprechpartner, der dir auch sagen kann, ob und welche Konsequenzen notwendig sind.

Anfangsmilch (1er)

Wenn das Baby älter wird, kann man ihm eine Anfangsmilch (1er-Babymilch) geben. Diese unterscheidet sich von der Pre-Milch nur darin, dass sie zusätzliche Kohlenhydrate enthält. Das ist meist hauptsächlich Maisstärke. Stärke sorgt dafür, dass die Milch dicker (sämiger) wird und länger im Magen-Darm-Trakt verbleibt. Dadurch sättigt sie mehr, die Kalorienzahl pro Portion bleibt aber fast gleich.

Folgemilch (2er)

Ab dem fünften Monat könnte man dann auf Folgemilch oder 2er-Babymilch umsteigen. Hier ähnelt die Eiweißstruktur nicht mehr so stark der Muttermilch, und es werden weitere Nährstoffe, Eisen und Jod zugefügt. In einigen 3er-Milchen ist zusätzlich Zucker (in Form von Glukose oder Maltodextrin) enthalten. Das macht die Milch süß und motiviert Kinder, mehr davon zu trinken, man sollte jedoch aufpassen, da Zucker die Zähne angreift. Notwendig ist die Umstellung auf die 2er-Milch laut dem Forschungsinstitut für Kinderernährung nicht.

HA-Milch

Neben diesen drei Hauptmilch-Arten gibt es noch Milche für spezielle Bedürfnisse:

HA-Milch ist hypoallergene Säuglingsmilch und speziell für Babys, die allergiegefährdet sind. Wenn ein Elternteil oder beide an Heuschnupfen, Neurodermitis oder anderen Allergien leidet bzw. leiden, kann diese Milch allergiepräventiv wirken. In der GINI-Studie konnte eine allergiepräventive Wirkung vor allem bei Neurodermitis belegt werden.

Bei HA-Milch wurde das Eiweiß in kleine Bruchstücke gespalten. Dadurch soll eine Reaktion auf das Eiweiß unterbunden werden. HA-Nahrung gibt es als HA1 (Anfangsmilch) und HA2 (Folgemilch). Die Milch ist nicht so süß wie die normale Babymilch, sollte aber auf keinen Fall nachträglich gesüßt werden. HA-Milch sollte immer in Absprache mit einem Arzt gegeben werden, und diese Milch sollten nur Kinder mit einem erhöhten Allergierisiko bekommen. Wenn kein erhöhtes Allergierisiko besteht, sollte eine normale Säuglingsmilch gefüttert werden.

Babys, die an einer Kuhmilchallergie leiden, vertragen auch keine HA-Nahrung. Sie benötigen eine spezielle Nahrung, die nur in Absprache mit dem Kinderarzt gegeben werden sollte.

Die beste Nahrung für Kinder mit einem hohen Allergierisiko bleibt dabei Muttermilch. Sie enthält keine hypoallergenen Stoffe und hat eine starke allergiepräventive Wirkung.

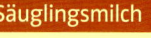

ALLERGIEN BEI BABYS VORBEUGEN

Wenn das Baby ein erhöhtes Risiko für Allergien hat, empfehlen Experten, besonders stark darauf zu achten, dass die Umgebung möglichst schadstoffarm ist: So sollten die Räume frei von Schimmelpilzen sein, die Wände sollten nicht frisch gestrichen werden bzw. Zeit zum Ausdünsten haben, und auch Möbeln tut es gut, wenn sie schon einige Zeit stehen.

Haustiere mit Fell sollten in der ersten Zeit nicht neu angeschafft werden, Haustiere, die schon im Haushalt leben, müssen aber nicht vorsorglich abgegeben werden.

Wenn das Kind alt genug für Brei ist, lautet die Empfehlung mittlerweile nicht mehr, potenziell allergieauslösende Nahrungsmittel zu meiden (zum Beispiel Fisch oder Getreide), sondern Beikost wie für alle Kinder empfohlen einzuführen, dabei die Reaktionen aber besonders gut zu beobachten.

Heilnahrung (HN-Milch)

Wenn das Baby Durchfall hatte, gibt es spezielle Milch, die dabei helfen soll, das Stuhlbild zu normalisieren.

HN-Milch gibt es von den meisten Herstellern, die auch Pre-Milch herstellen. Da diese Milch oft deutlich mehr Zucker enthält als Pre-Milch, sollte sie nur über kurze Zeiträume und in Absprache mit dem Arzt gegeben werden.

KEINE KUHMILCH FÜR BABYS

Kuhmilch enthält dreimal so viel Eiweiß wie Muttermilch und sollte frühestens nach dem ersten Geburtstag gegeben werden. Bis zu 200 ml am Tag zum Zubereiten der ersten Breie sind dabei in Ordnung. Dasselbe gilt für Joghurt. Säuglingsmilche sind auf unsere Babys abgestimmt und können mit der Kuhmilch im Kühlregal nicht verglichen werden.

Zwiemilch

Als Zwiemlich bezeichnet man es, wenn das Kind gestillt wird, zudem aber auch mit Säuglingsmilch gefüttert wird. Dies kann notwendig sein, weil eine Frau tatsächlich nicht genug Milch hat oder weil sie das Kind aus zeitlichen Gründen nicht immer stillen kann und das Abpumpen nicht funktioniert.

Problematisch hierbei ist, dass die Milchproduktion an den Verbrauch gekoppelt ist: Stillt die Frau weniger (und pumpt auch nicht ab), wird weniger Milch produziert. Meist führt Zwiemilch dazu, dass früher oder später komplett abgestillt wird, weil die Milchproduktion immer weiter abnimmt.

Flaschen und Sauger

Für Säuglingsmilch gibt es spezielle Plastik- oder Glasflaschen. Plastikflaschen sind unzerbrechlich und leicht, dadurch verleiten sie jedoch dazu, sie dem Baby (sofern es ein Alter erreicht hat, in dem es die Flasche halten kann) selber zu geben. Dauernuckeln ist jedoch einer der Hauptgründe für Karies bei Babys und sollte darum vermieden werden. Plastikflaschen können zudem feine Risse oder Kratzer bekommen, die sich nur schwer reinigen lassen.

Glasflaschen lassen sich hingegen auch nach langer Nutzungsdauer perfekt reinigen. Dafür sind sie jedoch schwer und könnten zerbrechen. Mittlerweile gibt es Glasflaschen mit speziellen Hüllen, die dafür sorgen, dass die Flasche auch einen Sturz heile übersteht.

Bei Saugern kann man zwischen Silikon und Kautschuk wählen. Silikon ist vor allem für die erste Zeit ideal, da es einfach zu reinigen und hitzestabil ist. Später, wenn das Baby Zähne hat, kann es sinnvoll sein, auf Kautschuksauger umzusteigen, da diese nicht so einfach zerbissen werden können. Dafür leidet dieses Material auf Dauer unter den hohen Temperaturen beim Sterilisieren, und in seltenen Fällen können Kinder allergisch darauf reagieren.

Bei der Saugerlochgröße sollte man sich an den Altersangaben der Hersteller orientieren: Bekommen kleine Kinder Sauger mit einem zu großen Loch, fließt die Milch zu schnell in den Mund. Das Kind verschluckt sich dann und es gelangt Luft in den Bauch, die zu Blähungen und Bauchschmerzen führen kann.

„Ich gebe das Fläschchen"

Inga, 33 Jahre

Nach ungefähr der Hälfte meiner Schwangerschaft war für mich eins klar: Ich freue mich riesig, Mama zu werden, kann mir aber überhaupt nicht vorstellen, mein Kind zu stillen. Der Gedanke, eine 24/7 geöffnete Milchbar zu sein, machte mich verrückt.

Im Freundes- und Familienkreis waren wir fast das letzte Paar ohne Kind, deshalb konnte ich mir schon grob eine Meinung dazu bilden, wie das mit dem Stillen zu Anfang so abläuft. Alle Mütter haben ihre Kinder natürlich gestillt. Auf mich wirkte es wirklich komisch, sein Kind alle 30 Minuten anlegen zu müssen, damit das Kleine satt wird und zur Ruhe kommt.

Also habe ich das Thema mit dem werdenden Papa besprochen und bekam zum Glück die Unterstützung, die ich mir wünschte.

Ebenso weihte ich meine Hebamme in das Thema ein. Sie ist wirklich eine tolle, kompetente Person, und ich bin sehr froh, sie als Hebamme gewählt zu haben. Ihr erster Kommentar zum Thema nicht stillen war: „Wieso wundert mich das bei dir jetzt nicht? Und wenn du dir zu 100 Prozent sicher bist, dann spare ich mir meine Belehrung, dass es nichts Besseres für dein Kind gibt, als gestillt zu werden!"

Weiterhin sagte sie noch dazu, dass wenn ich mich als Mutter verkrampfe und mich nicht wohl in der Situation fühle, ich das auf mein Kind übertrage und es damit nicht entspannter werden wird. Und genauso unwohl fühlte ich mich, wenn ich ans Stillen dachte.

Ich war wirklich froh über diese Reaktion, zumal ich damit nicht gerechnet habe. Liest man andere Artikel, dann merkt man, dass die Gesellschaft leider nicht so offen damit umgeht. Meine Hebamme klärte mich auf, wie das mit dem Abstillen direkt nach der Geburt abläuft und dass ich nicht erwarten kann, von allen eine positive Reaktion zu dem Thema zu erhalten.

Zusätzlich legte sie mir noch ans Herz, dem Baby, auch wenn ich nicht stillen würde, nach der Geburt die Vormilch (Kolostrum) zu geben und erst danach abzustillen. Mit diesem Gedanken konnte ich leben und bereitete mich so auf die kommende Zeit mit Baby vor.

Bei dem Aufnahmegespräch im Krankenhaus, vier Wochen vor der Geburt, ging ich auch gleich offen mit dem Thema um und ließ es in meiner Akte vermerken, damit es nicht zu einem Irrtum kommt. Außerdem habe ich mir gleich die Pre-Milch zeigen lassen, damit ich diese auch für zu Hause besorgen konnte. Nach der Geburt hat unser Kind die Vormilch direkt aus meiner Brust bekommen und danach sofort die Flasche.

Alles klappte wunderbar. Selbst die Unterstützung im KH durch die Schwestern. Ich war wirklich überrascht. Der Papa wurde direkt mit eingebunden und konnte mich dadurch sehr entlasten.

Nach ca. ein bis zwei Wochen hatten wir einen festen Vier-Stunden-Rhythmus gefunden. Nicht nur der Papa konnte beim Füttern helfen, sondern auch die Omas und Opas.

Wir haben es immer sehr genossen, uns abzuwechseln mit dem Fläschchengeben und konnten so genauso kuscheln während des Trinkens. Durch die Flaschennahrung war es für mich als Mama auch wirklich schnell möglich, Ausflüge zum Sport, Shoppen oder Ähnlichem zu genießen, ohne jedes Mal den Zeitdruck zu haben, das Baby pünktlich stillen zu müssen.

Ich habe meine Entscheidung an keinem Tag bereut und würde es immer wieder so machen!

Den eigenen Weg finden

Ob man stillt oder nicht, ist eine der wenigen Fragen, die Frau im Grunde alleine treffen muss. Der Partner kann unterstützen, das Stillen aber nicht abnehmen.

Es gibt zwar mittlerweile viel Zubehör und (mehr oder weniger) nützliche Helfer, aber am Ende trägt die Hauptlast beim Stillen die Frau. Ebenso wie bei der Schwangerschaft.

Natürlich kann man argumentieren, dass man sich dies so ausgesucht hat, als man sich für das Kind entschieden hat. Diese Argumentation berücksichtigt aber nicht, dass man sich durchaus ein Kind wünschen kann und bestimmte Dinge, wie zum Beispiel das Stillen, dennoch ablehnt.

Sinnvoll kann es sein, dass Frauen das Stillen zunächst probieren. Auch wenn man es während der Schwangerschaft ablehnt und sich bei dem Gedanken unwohl fühlt, ist es möglich, dass man seine Meinung ändert, wenn das Baby da ist. Zudem erhält das Baby so zumindest die Vormilch (Kolostrum), die besonders reich an Abwehrstoffen ist.

Merkt man dann, dass man das Stillen absolut nicht erträgt und aushalten kann, kann man jederzeit die Entscheidung treffen, tatsächlich abzustillen. Hat man einmal abgestillt, lässt sich diese Entscheidung nicht rückgängig machen.

Schwierig bei dieser Entscheidung ist der Druck, der durch die Gesellschaft, durch Freunde, Ärzte und Hebammen ausgelöst wird. Eine freie Entscheidung können Frauen selten treffen, da ihnen an vielen Stellen gesagt wird, dass nur die Entscheidung für das Stillen eine akzeptable Entscheidung sei. Letztendlich ist es die Entscheidung der Mutter, und wenn diese eine informierte Entscheidung getroffen hat, dann liegt es an uns, sie zu akzeptieren und die Frau zu unterstützen.

Bedürfnisse

Ein Baby hat zu Anfang vor allem das Bedürfnis, seiner Bezugsperson ganz nah zu sein und schnell Nahrung zu erhalten, wenn es hungrig wird.

Aber auch als Mutter hat man natürlich bestimmte Bedürfnisse. Es kann sein, dass man seinem Baby gerne so nah wie möglich ist oder aber auch, dass man schnell wieder arbeiten gehen möchte.

Es kann sein, dass man möchte (oder es nötig ist), dass auch andere das Kind füttern können. Oder dass man seinen Körper wieder für sich haben möchte.

Jedes dieser Bedürfnisse ist okay.

Die Bedürfnisse des Kindes kann man auch mit der Flasche gut erfüllen. Anders verhält es sich jedoch mit den gesundheitlichen Vorteilen, die das Stillen mit sich bringt.

Es stellt sich somit eher die Frage, wie die eigenen Bedürfnisse mit den Vorteilen, die das Stillen bringt, zu vereinbaren sind und ob dies möglich ist.

Rahmenbedingungen

Manchmal ist es auch so, dass schon im Vorfeld klar ist, dass die Frau nicht stillen kann. Wenn sie bestimmte Medikamente nehmen muss, ist es unter Umständen nicht möglich, dabei zu stillen. Diese Entscheidung sollte immer gemeinsam mit dem Arzt getroffen werden.

Wer Sorge hat, dass die Milch nicht ausreicht oder das Stillen wegen anderer Dinge nicht möglich oder schwierig ist, der kann dies mit einer Stillberaterin besprechen. In den meisten Fällen gibt es Möglichkeiten, das Stillen dennoch zu ermöglichen, wenn man dies gerne möchte.

Wenn es aus zeitlichen Gründen schwierig ist zu stillen, kann eine Milchpumpe dabei helfen. Abgepumpte Milch kann gelagert und auch von anderen Betreuungspersonen gefüttert werden. So können auch Babys, deren Mütter sehr früh wieder arbeiten gehen wollen oder müssen, noch deutlich länger Muttermilch erhalten.

Wer raucht, der sollte sich darüber im Klaren sein, dass die Stoffe aus der Zigarette in die Muttermilch übergehen. Dennoch raten Ärzte mittlerweile dazu, trotzdem zu stillen, da die Vorteile überwiegen. Natürlich wäre es optimal, wenn man bis zum Ende der Stillzeit nicht raucht.

Fragebogen

Welche Gedanken hast du, wenn du an das Stillen denkst?
Wie fühlst du dich dabei?

_____

Hast du ganz klare Vorstellungen, was du machen möchtest oder
bist du eher unsicher?

_____

Wer beeinflusst deine Meinung zu dem Thema?

_____

Hast du Sorge, deine Wünsche einer bestimmten Person
mitzuteilen? Warum?

_____

Was glaubst du, ist das Beste für dich? Was ist das Beste
für dein Baby? Was ist das Beste für euch als Familie?

_____

Fühlst du dich gut informiert?

_____

Welche Informationen fehlen dir noch?
Welche Fragen sind noch offen?

_____

_____

Falls du dich noch nicht ausreichend informiert fühlst oder dir Sorgen machst, kannst du an folgenden Stellen weitere Informationen oder Hilfestellungen erhalten:

https://www.lalecheliga.de/
Die La Leche Liga Deutschland e. V. ist ein Zusammenschluss von Frauen, die Stillende ehrenamtlich in Stillfragen beraten. Auf der Homepage findest du Kontaktmöglichkeiten und viele weitere Informationen rund um das Stillen.

https://www.afs-stillen.de/
Auch die Arbeitsgemeinschaft Freier Stillgruppen ist eine gemeinnützige Organisation, in der Frauen stillende Frauen kostenlos beraten. Auf der Website gibt es die Möglichkeit, eine Stillberaterin der eigenen Region zu finden und zu kontaktieren.

https://www.milchwiese.de/
Hier kannst du Milchpumpen leihen und erhältst viele Infos rund um das Stillen und den Umgang mit einer Milchpumpe sowie deren Vorteile.

Für Mamas, die sich bewusst entscheiden, nicht zu stillen, gibt es derzeit kein so umfangreiches Beratungsangebot. Sie sollten sich am besten an ihre Hebamme oder den Kinderarzt wenden.

Buchtipp: Intuitives Stillen
In ihrem Buch beschreibt Regine Gresens nicht nur die Vorteile des Stillens, sondern gibt viele praktische Tipps und macht Mut, wenn das Stillen mal nicht so klappt.

BEIKOST

Sobald das Baby etwas älter ist, vielleicht schon den einen oder anderen Zahn hat und das Essen der Eltern interessiert betrachtet, kommt die Frage nach der Beikost auf. Wann ist der richtige Zeitpunkt? Und womit fängt man am besten an?

Zu Anfang wird der Nährstoffbedarf dabei weiterhin hauptsächlich über Milch gedeckt. Essen sollte zunächst nur kennengelernt werden. Darum ist es auch nicht schlimm (und auch nicht ungewöhnlich), wenn die Teller voll bleiben und das Kind nur probiert.

Natürlich gibt es Kinder, die direkt Gefallen am Essen finden und mit Genuss ganze Portionen verdrücken. In der Regel sind die meisten Kinder aber eher zurückhaltend. Manchmal wird das Essen gar direkt wieder ausgespuckt, ein Zeichen dafür, dass es entweder noch zu früh war oder der Geschmack einfach nicht überzeugen konnte.

Essen gilt es zunächst spielerisch zu entdecken. Der Satz „Mit Essen spielt man nicht" sollte dabei aus dem Wortschatz verbannt werden. Natürlich sollten Kinder einen sorgsamen Umgang mit Lebensmitteln lernen, aber für unsere Kleinen ist es wichtig, dass sie Lebensmittel auch anfassen, quetschen und untersuchen dürfen. Dabei kann (und wird) auch mal etwas danebenlanden.

Beikoststart

Wenn man die Gläschen im Supermarkt studiert, dann bekommt man den Eindruck, dass Babys eigentlich schon kurz nach Ende des Wochenbetts bereit für Beikost seien. Ab Ende des vierten Monats kann es anscheinend mit weißer Karotte, Karotte oder anderem Gemüse losgehen.

Im Hinterkopf behalten sollte man dabei, dass die Industrie von einem möglichst frühen Beikoststart profitiert – sie verkaufen natürlich mehr Gläschen, je früher das Kind damit startet. Es kann durchaus Babys geben, die schon zu diesem Zeitpunkt bereit für Brei sind, andere sind es aber nicht.

Generell gilt: Das Baby gibt das Tempo vor. Kinder sind so unterschiedlich, dass man kaum Empfehlungen geben kann, die für alle Kinder gelten. Darum sollten Eltern einfach ihr Kind beobachten und individuell auf dieses eingehen. Die Beikostreifezeichen können dabei einen Hinweis darauf geben, ob ein Kind bereit ist.

WANN IST DEIN BABY BEREIT FÜR BEIKOST?

- Dein Baby kann (fast) alleine aufrecht sitzen und seinen Kopf gut halten.
- Der Zungenschiebereflex lässt nach, und es wird nicht direkt alles aus dem Mund wieder hinausgeschoben.
- Dein Baby zeigt Interesse am Essen der anderen Familienmitglieder und ahmt Kaubewegungen nach.
- Es kann alleine die Hand zum Mund führen und sich so selber Essen in den Mund stecken.

Wenn man zu früh damit beginnt, Beikost einzuführen, ist dies nicht unbedingt schädlich, kann aber zu unangenehmen Nebenwirkungen führen: Die Verdauung unserer Kinder ist in der ersten Zeit sehr empfindlich und anfällig für Störungen. Wenn man zu früh mit der Beikosteinführung beginnt, können Blähungen, Verstopfung oder Durchfall die Folge sein.

Darum sollte man beim Beikoststart sein Baby genau beobachten und schauen, wie gut es die neue Nahrung verträgt. Stellt man fest, dass es etwas zu früh war, kann man den Brei einfach wieder weglassen und etwas später erneut einen Versuch wagen. Auch wenn Kinder den Mund nicht richtig öffnen, die Nahrung ausspucken oder den Kopf wegdrehen, sind sie noch nicht so weit und man sollte einfach noch etwas warten.

Babybrei

Mittlerweile gibt es eine unglaubliche Auswahl an fertigen Babybreien. Man kann sie im Supermarkt kaufen, im Drogeriemarkt, in Apotheken und im Discounter. Eigentlich bekommt man sie fast überall.

Wählen kann man zwischen Gläschen und Tiefkühlkost. Für etwas ältere Babys gibt es zudem Breie und Pürees in Quetschbeuteln und Mahlzeiten im Plastikbecher.

Daneben kann man den Brei natürlich auch selber zu Hause zubereiten. Ganz altmodisch im Kochtopf mithilfe eines Stabmixers oder in modernen Geräten, in denen das Gemüse zunächst schonend dampfgegart und danach direkt püriert wird.

Gläschen

Babybrei in Gläschen kennt wahrscheinlich jeder. Die Auswahl ist fast schon erschlagend, und jeder Hersteller verspricht, dass sein Brei der beste sei.

Zur Auswahl stehen einzelne Gemüsesorten, Breie mit mehreren Gemüsesorten, Brei mit Gemüse und Fleisch und ganze Mahlzeiten (Gemüse, Fleisch und Kartoffel, Reis, Nudeln oder anderes Getreide). An den Gläschen steht das empfohlene Verzehralter.

Zu Beginn sollte man zu kleinen Gläschen greifen, die nur eine Zutat enthalten. Selbst die kleinen Gläschen werden am Anfang wahrscheinlich nicht leergegessen, darum ist es sinnvoll, nur einige Löffel abzufüllen und zu erwärmen. Den Rest kann man im Kühlschrank nicht länger als einen Tag aufbewahren.

Babynahrung wird bei uns sehr stark reglementiert, weshalb alle Breie im Grunde gut sind.

 WORAUF MAN BEI BREIGLÄSCHEN ACHTEN SOLLTE

Babybreie sollten bio sein und neben den eigentlichen Zutaten möglichst nichts Weiteres enthalten. Das heißt, dass ein Möhrenbrei nur Möhre (und Wasser) enthält und ein Möhren-Fisch-Reis-Brei nur Möhre, Fisch und Reis.

Auch den Gemüseanteil sollte man einmal überprüfen. In Klammern müssen Hersteller angeben, wie viel von den jeweiligen Nahrungsmitteln im Gläschen enthalten ist. Wer hier genauer hinschaut, stellt schnell fest, dass die meisten Breie viel Wasser enthalten. Kein Wunder, Wasser ist schließlich sehr günstig.

In einem Spinat mit Kartoffelbrei können zum Beispiel 20 Prozent Spinat, 10 Prozent Kartoffeln und 10 Prozent Reis stecken. Der Rest ist Wasser. Das ist natürlich nicht schädlich oder ungesund, man bekommt aber letztendlich weniger für sein Geld.

Tiefkühlkost

Mittlerweile gibt es auch immer mehr Tiefkühlkost für Babys. Hier sind die Breie in Portionsgrößen eingefroren, können einzeln entnommen und aufgewärmt werden.

Der Vorteil der Tiefkühlkost liegt darin, dass Nährstoffe besser erhalten bleiben und sie geschmacklich stärker an frisch zubereitete Kost herankommt. Dabei ist die Zubereitung super einfach und schnell – perfekt für einen stressigen Alltag.

Allerdings hat diese Qualität momentan noch einen stolzen Preis. Tiefkühlbreie für Babys sind deutlich teurer als die Gläschen, und auch wer den Brei selber kocht und einfriert, zahlt deutlich weniger. Erhältlich sind die tiefgekühlten Breie oft nur in größeren Biomärkten oder in sehr gut sortierten Supermärkten.

Selber kochen

Wer Zeit und Lust hat, kann den Brei auch selber zu Hause zubereiten. Dazu sollte Biogemüse verwendet werden, und wer mag, kocht direkt größere Mengen und friert ein. Zum Einfrieren eignen sich kleine Plastikgefäße, in denen man den Brei portionsweise einfrieren kann. Man kann entweder spezielle Babybreigefäße kaufen oder einfache Eiswürfelformen nehmen.

Wer selber kocht, hat den Vorteil, dass er komplette Kontrolle über die Inhaltsstoffe hat und genau weiß, was wo drin ist.

 WENIGER IST MEHR: GEWÜRZE IM BREI

Beim Breikochen sollte man zu Anfang auf Zucker, Salz und Pfeffer verzichten. Auch andere Gewürze sollten am Anfang nicht und später nur sehr sparsam verwendet werden. So können Babys und Kleinkinder sich an die verschiedenen Geschmäcker gewöhnen und lernen, diese zu unterscheiden.

Im Grunde braucht man für die Zubereitung lediglich einen Topf und einen Pürierstab. Schonender, als das Gemüse zu kochen, ist das Dampfgaren. Wenn man das Gemüse im Kochwasser püriert, bleiben viele Inhaltsstoffe jedoch ebenfalls erhalten. Diese werden beim Kochen ausgeschwemmt und würden beim Abgießen mit abgegossen.

Die speziellen Babynahrungszubereiter können im Alltag hilfreich sein, sind aber nicht unbedingt notwendig.

Für den Start in die Beikostzeit empfiehlt es sich, leicht verdauliches Wurzelgemüse zu wählen (Möhre, Pastinake, Kartoffel). Diese Gemüsesorten schmecken leicht süßlich und sind sehr nährstoffreich. Wenn das Kind sich an unterschiedliche Gemüsesorten gewöhnt hat, kann man etwas Obst mit Gemüse mischen und später dann Obst pur anbieten. Da die meisten Kinder Süßes bevorzugen, ist es sinnvoll, pure Obstbreie erst später einzuführen, da Kinder schnell dazu neigen, nur noch diese zu akzeptieren.

Brei-Grundrezepte

Gemüsebrei

(ab dem fünften Monat)

- 200 g Gemüse (Für den Start wird empfohlen: junge Karotten, weiße Karotten, Kürbis oder Pastinake.)
- 1 EL Rapsöl

Zubereitung

1. Das Gemüse gut waschen und 15 bis 20 Minuten dämpfen oder knapp mit Wasser bedeckt bei geringer Hitze kochen. Das Garwasser aufheben.

2. Das Gemüse mit einem Mixer oder dem Pürierstab pürieren, dabei etwas von der Garflüssigkeit und das Öl hinzugeben. Die Konsistenz sollte so gewählt werden, dass das Baby den Brei gut essen kann. Für manche Kinder muss der Brei anfangs etwas flüssiger sein, andere mögen ihn lieber, wenn er fester ist.

3. Den Brei portionsweise einfrieren und nach Bedarf auftauen, erhitzen und verfüttern, wenn der Brei auf Körpertemperatur abgekühlt ist.

Gemüse-Kartoffel-Fleisch-Brei

(ab dem sechsten Monat)

- 100 g Gemüse (Karotten, Zucchini, Blumenkohl, Broccoli, Mais oder Kürbis)
- 50 g Kartoffeln
- 30 g Fleisch (mageres Schwein, mageres Rind, Geflügel oder Lamm)
- 1 bis 1,5 EL Fruchtsaft
- 1 EL Rapsöl

Zubereitung

1. Kartoffeln kochen, schälen und mit einer Gabel oder einem Stampfer zermusen (Wenn Kartoffeln püriert werden, wird der Brei schleimig, da sich die Stärke mit dem Wasser verbindet.). Den Kartoffelmus beiseite stellen

2. Das Fleisch in wenig Wasser weichkochen, kleinschneiden und pürieren

3. Gemüse gut waschen, kleinschneiden und dämpfen oder in wenig Wasser weichkochen und pürieren. Das pürierte Fleisch hinzugeben und alles einmal aufkochen lassen

4. Zuletzt die gestampften Kartoffeln, Obstsaft und das Öl unterrühren

5. Den Brei portionsweise einfrieren und nach Bedarf auftauen, erhitzen und verfüttern, wenn der Brei auf Körpertemperatur abgekühlt ist

Obst-Getreide-Brei

(ab dem sechsten Monat)

- 150 g geschältes, entkerntes und geschnittenes Obst (Für den Start wird empfohlen: Apfel, Birne oder Banane.)
- 1 EL Haferflocken (Baby-Haferflocken)
- 2 EL Muttermilch oder Pre-Milch

Zubereitung:

1. Härteres Obst (Apfel, sehr feste Birne) in einen Topf geben und mit Wasser knapp bedecken. Alles zum Kochen bringen und dann bei geringer Hitze 10 bis 15 Minuten köcheln lassen, bis es weich ist. Sehr weiche Birne, Banane und andere Obstsorten, die von Natur aus weich sind, müssen nicht vorgekocht werden.

2. Obst pürieren oder fein zermusen. Zucker, Sirup und andere Süßstoffe sind nicht nötig, nach Belieben kann eine Messerspitze Zimt oder Vanille hinzugegeben werden. Obstbrei portionsweise einfrieren und nach Bedarf auftauen

3. Eine Portion Obstbrei auftauen (etwa zwei Esslöffel) und Haferflocken und Milch unterrühren. Alles erhitzen und auf Körpertemperatur abkühlen lassen

Milch-Getreide-Brei

(ab dem sechsten Monat)

- 200 ml Vollmilch (mit 3,5 Prozent Fett),
  Pre-Milch oder Muttermilch
- 20 g Vollkorn-Getreideflocken
  (Haferflocken, Dinkelflocken, Grieß)
- 2 EL Obstsaft oder Obstbrei
  (zum Beispiel eine viertel Banane)

Zubereitung:

1. Getreideflocken in der Milch aufkochen und abkühlen
   lassen (Bei Verwendung von Pre-Milch Getreideflocken
   in Wasser aufkochen, abkühlen lassen und erst dann
   das Milchpulver einrühren.)

2. Obstsaft oder -brei hinzugeben und verrühren.
   Den Brei verfüttern und Reste bis zu einen Tag im
   Kühlschrank lagern

Selbstgekocht vs. Fertigprodukte

Ob selbstgekochter oder gekaufter Brei, das ist unter Eltern eines der großen Kampfgebiete. Selbstgekochtes schmecke besser, sei vielfältiger und reicher an Nährstoffen, argumentieren die einen. Fertigprodukte seien praktischer und ebenso gesund.

Schmecken kann man den Unterschied: Die Gläschen können hier mit frisch zubereitetem Brei nicht mithalten und sind deutlich geschmacksintensiver und vielfältiger. Die Studie „Babygourmet" des Forschungsinstituts für Kinderernährung (FKE) hat untersucht, ob sich dieser Geschmacksunterschied darauf auswirkt, wie offen Kinder später für neue Geschmäcker sind. Dafür haben sie 51 Babys drei Monate lang entweder mit Gläschen oder mit Tiefkühlkost, die geschmacklich nah an frische Kost herankommt, gefüttert. Im Anschluss wurden den Babys grüne Bohnen angeboten, die sie zuvor noch nie probiert hatten.

Das Ergebnis: Die Babys, die Tiefkühlkost erhalten hatten, aßen mehr grüne Bohnen als die Babys, die Brei aus dem Gläschen bekamen. Offen bleibt jedoch, wie lange dieser Effekt anhält.

Auch was die Nährstoffe angeht, liegt selbstgekochte Nahrung vorne: Da industrielle Babynahrung hoch erhitzt und anschließend abgekühlt wird, um sie haltbar zu machen, gehen wertvolle Vitalstoffe verloren.

Sorgen machen müssen sich Eltern, die Gläschen füttern, auf jeden Fall nicht. Die Babygläschen sind sehr stark kontrolliert und müssen hohen Anforderungen genügen: Es gelten strenge Gesetze, an die Hersteller sich halten müssen.

Brei im Quetschbeutel (Quetschie)

Neu hinzugekommen sind vor einigen Jahren sogenannte „Quetschies". In den bunten Aluminiumtüten befinden sich meist Obstbreie, manchmal mit einem kleinen Gemüse- oder Getreideanteil. Im Kühlregal findet man mittlerweile auch Quetschies mit Joghurt- oder Quarkfüllung.

Kinder lieben sie, weil sie süß sind und gut in der Hand liegen, Eltern, weil sie praktisch sind. Außerdem gelten sie als gesund, weil sie Obst enthalten.

Und ja, auch wir geben unserem Sohn Quetschies. Allerdings sollte man sich dabei immer über einige Dinge im Klaren sein:

Quetschies sind nicht zu vergleichen mit einer Portion frischem Obst. Sie enthalten deutlich mehr Zucker und weniger Vitamine. Außerdem sorgt die Konsistenz dafür, dass Kinder deutlich mehr Quetschie essen können, als sie zum Beispiel von einem Apfel essen würden.

Auf vielen Verpackungen stehen Dinge wie „ausschließlich fruchteigene Süße" oder „ohne Zuckerzusatz". Dabei muss man aber aufpassen, denn es heißt nicht unbedingt, dass wirklich nicht nachgeholfen wurde, den Brei noch süßer zu machen.

So können Quetschies, auf denen „ausschließlich fruchteigene Süße" steht, durchaus Saftkonzentrate enthalten. Diese enthalten deutlich mehr Zucker als das eigentliche Obst an sich und treiben den Zuckergehalt eines Beutels in die Höhe. So kann ein Beutel auf über 20 Gramm Zucker kommen, das ist mehr, als zwei Milchschnitten (16,6 Gramm) enthalten oder ein 0,2-Glas Fanta (18,4 Gramm) enthält.

Kein Wunder also, dass unsere Kinder die Beutel lieben.

Wer dennoch hin und wieder einen Quetschie geben möchte, sollte diese insgesamt eher als Süßigkeit betrachten und zu denen greifen, die keine Fruchtsaftkonzentrate enthalten. Hinten auf der Verpackung kann man schauen, wie viel Zucker enthalten ist. Dabei sollte man sowohl die Angabe pro 100 Gramm als auch die pro Portion betrachten.

Da Quetschies selbst ohne Saftkonzentrate viel Zucker enthalten, sollte man zudem vermeiden, dass die Kinder länger am Beutel saugen. Werden die Milchzähne längerfristig vom Brei umspült, birgt das eine erhöhte Kariesgefahr für die Kinder. Am besten ist es, wenn der Brei zügig aufgegessen wird und der Beutel dann in den Müll kommt. Auf vielen Beuteln steht mittlerweile der Hinweise, dass der Brei auf einem Löffel gefüttert werden sollte, in der Realität ist dies wohl aber eher unwahrscheinlich.

ZÄHNE PUTZEN BEI BABYS

Sobald Babys nicht mehr nur Milchnahrung erhalten und schon die ersten Zähne hervorblitzen, ist es an der Zeit, mit der regelmäßigen Zahnpflege zu beginnen. Viele Babys sind darüber nicht gerade erfreut und Eltern regelmäßig ratlos.

Zahnärzte raten dennoch dazu, dem Kind ab dem ersten Zahn abends die Zähne zu putzen. Dabei kann eine Zahnbürste, die man sich auf den Finger ziehen kann, helfen. Ob man dabei Zahnpasta benutzen sollte oder nicht, darüber scheiden sich die Geister. Wenn, dann sollte es eine besondere Kinderzahnpasta sein, von der man lediglich eine linsengroße Menge auf die Zahnbüste gibt.

Wer sichergehen möchte, dass der Brei frei von Pestiziden und anderen unerwünschten Stoffen ist, sollte zudem darauf achten, ab welchem Alter der Quetschie geeignet ist. Steht auf dem Produkt, dass es erst für Kinder ab drei Jahren geeignet ist, dann gelten nicht mehr die Höchstmengen für Kleinkinder, sondern die normalen Rückstandshöchstwerte für Obst. Auf der sicheren Seite ist man also, wenn man die Produkte wählt, die explizit für Kleinkinder gedacht sind.

Ein weiterer Nachteil der Beutel ist natürlich auch die Verpackung. Es entsteht viel Müll, der (eigentlich) unnötig wäre. Vereinzelt versuchen Hersteller, mit besonderen Aktionen auf dieses Problem einzugehen. So kann man zum Beispiel die Beutel einer bestimmten Marke sammeln, sie an den Hersteller schicken und dieser fertigt daraus eine Tasche.

Insgesamt schneiden Quetschies aber eher schlecht ab.

Wer auf Quetschies nicht verzichten mag, sich mit den Nachteilen aber nicht arrangieren kann, der hat die Möglichkeit, selber welche herzustellen. Es gibt wiederbefüllbare Quetschbeutel (teils beim Discounter, ansonsten im Internet). Diese kann man mit selbst gemachtem Brei befüllen und wenn sie leer sind auswaschen und wieder benutzen.

Die Reinigung ist leider etwas schwierig, da das Fruchtmus gerne in den Ecken kleben bleibt. Wer den Beutel aber direkt nach dem Gebrauch heiß ausspült, kann klebrigen Resten vorbeugen.

„Wir füttern Brei"

Judith, 26 Jahre

Als unser Kind etwa fünf Monate alt war, hatte ich das Gefühl, dass es großes Interesse an unserem Essen entwickelte. Ich kaufte also das erste Gläschen Brei, und dieser wurde mit Begeisterung gegessen.

Von nun an gab es immer mittags ein kleines Gläschen Brei, das ich fütterte. Zu Anfang reines Gemüse, etwas später dann auch gemischte Breie. Nach etwa drei Wochen führte ich dann eine weitere Portion Brei ein (morgens). Auch das klappte super, und ich hatte das Gefühl, dass unserem Kind der Brei gut gefiel.

Da ich mir nicht unnötig noch mehr Arbeit machen wollte, als man als Mama schon hat, habe ich fertige Gläschen gekauft. Klar sieht man überall die Mütter, die selber kochen und davon total überzeugt sind, ich glaube aber, dass man sich die Mühe durchaus sparen kann. Unser Kind liebte den Brei aus den Gläschen, und die Zutaten werden ja streng kontrolliert.

Wir haben immer nach einigen Wochen eine weitere Portion Brei eingeführt, und unser Kind liebte fast jede Art von Brei. Getreide-Milch-Breie waren dabei der Favorit, nur Brei mit Fisch wurde komplett abgelehnt. Dadurch, dass ich die Breie nicht selber kochte, war ich deutlich entspannter, wenn etwas nicht gegessen wurde. Ich machte halt einfach ein anderes Glas auf.

Natürlich bekam unser Kind später auch mal etwas von unserem Essen ab, die Hauptnahrung war aber recht lange der Brei.

Baby-led Weaning (BLW)

BLW steht für Baby-led Weaning. Dieser englische Begriff (Übersetzung: Vom Baby gesteuerte Entwöhnung von der Milchnahrung) bezeichnet die Einführung von Beikost, ohne dass die Eltern Brei füttern oder anders in die Essensaufnahme des Babys eingreifen. Sie bieten Nahrungsmittel an, lassen aber das Kind entscheiden, was es davon zu sich nimmt.

Mit BLW beginnt man, wenn das Baby die Beikostreifezeichen zeigt – zusätzlich zum Stillen oder Fläschchen. Damit das Kind das Essen auch selber zu sich nehmen kann, wird dieses als „Fingerfood" angeboten. Dabei versucht man nicht (wie beim Brei), ganze Mahlzeiten zu ersetzen, sondern bietet die Nahrungsmittel einfach zwischendurch an und stillt davor und/oder danach.

„Wir machen BLW"

Julia, 27 Jahre

Als ich während der Schwangerschaft von BLW las, war für mich klar, dass wir das probieren würden. Ich fand das Konzept einfach klasse.

Als unser Kind dann so weit war und das erste Mal selbstständig signalisierte, dass es etwas zu essen probieren möchte, legten wir etwas gedünstete Möhre auf einen Teller. Unser Kind griff sofort danach. Zunächst wurde das orangene Ding gründlich untersucht und gequetscht, am Ende wanderte aber tatsächlich etwas in den Mund hinein.

Ab diesem Zeitpunkt stellte ich immer etwas von unserem Essen beiseite, bevor ich würzte, und dieses wurde dann dem Kind angeboten. Unser Kind hat von Anfang an selbst entschieden, was es essen möchte und was nicht. Es muss nichts probieren, wenn es das nicht möchte, aber eigentlich wanderte fast alles in den Mund. Parallel stillte ich dabei weiter, meist nach dem Essen, aber auch vor dem Essen, wenn der Hunger zu groß war.

Brei gab es bei uns nicht, da ich nicht füttern wollte und ich die Quetschbeutel einfach blöd finde.

Natürlich erhielt unser Kind dadurch anfangs nur wenig Kalorien über Essen, und ich stillte sehr lange sehr viel (ich stillte erst mit 2,5 Jahren komplett ab), aber mich störte das nicht und ich tat es sehr gerne.

Heute ist unser Kind ein sehr guter Esser und probiert fast alles. Ich habe das Gefühl, dass es offener für Neues ist und viele Dinge isst, die andere Kinder verweigern. Natürlich gibt es auch hier immer mal Phasen, in denen bestimmte Lebensmittel abgelehnt werden, aber bisher haben wir immer Alternativen gefunden, und einige Zeit später war die Phase auch schon vorbei.

Fingerfood

Fingerfood ist alles, was das Baby selber in die Hand nehmen und zum Mund führen kann. Natürlich sind damit keine stark verarbeiteten und überwürzten Chicken Nuggets gemeint.

FINGERFOOD FÜR ESS-ANFÄNGER

- Geschältes und in handliche Stücke geschnittenes Obst (Apfel, Birne, Banane, Melone, Pflaume, Mango)
- Beeren (je nach Größe eventuell in der Mitte durchschneiden)
- Weichgekochte, in Stücke geschnittene Kartoffel oder Süßkartoffel
- Nudeln
- Brot ohne Rinde
- Gekochtes Gemüse, in Stücke oder Sticks geschnitten (Möhre, Kohlrabi, Knollensellerie)

Wenn das Kind älter wird und besser kauen kann, kann man ihm weitere Lebensmittel anbieten. Stark gesalzene, gesüßte oder verarbeitete Lebensmittel sollten dabei das ganze erste Lebensjahr vermieden werden.

BLW wird meist so durchgeführt, dass das Kind einfach mitisst, wenn die Familie isst. Dafür wird etwas vom Essen abgenommen und für das Kind beiseitegestellt, bevor der Rest gewürzt wird. Dies bedeutet praktisch weniger Aufwand für denjenigen, der kocht. Am Esstisch wird dem Kind dann sein Anteil hingelegt und das Kind bedient sich selbstständig. So entfällt auch das Füttern.

Das Ziel von BLW ist beim Essen anfangs nicht, dass das Kind satt wird, sondern lediglich, dass es verschiedene Lebensmittel und Geschmäcker kennenlernt. Beim Essen soll es sich nicht ausgeschlossen fühlen, und es wird direkt eine Tischkultur eingeführt, bei der die ganze Familie zur selben Zeit (fast) das Gleiche isst.

LEBENSMITTEL, DIE FÜR BABYS UNGEEIGNET SIND

- Honig und Ahornsirup (können Bakterien enthalten, die zu lebensbedrohlichen Darminfektionen (Botulismus) führen können)
- Zucker, Zuckerersatzstoffe und Süßstoffe (neben der Gefahr für Karies, Diabetes und Übergewicht: negativer Effekt auf eine richtige Entwicklung der Darmflora)
- Kaltgepresste Öle (können Schadstoffe enthalten, die die Leber überfordern)
- Kuhmilch (sollte im ersten Lebensjahr nur in geringen Mengen gegeben werden, vor allem aufgrund des hohen Proteingehalts, der die Nieren noch zu sehr belasten kann, auf Rohmilch sollte komplett verzichtet werden – einerseits erkranken Kinder, die Rohmilch trinken, seltener an Allergien, andererseits kann sie aber auch Salmonellen und Kolibakterien enthalten)
- Rohes Fleisch und roher Fisch (Infektionsrisiko), Fisch mit Gräten (Erstickungsgefahr)
- Nüsse (können schlecht gekaut werden, die Verschluckungsgefahr ist groß)
- Pseudogetreide (Amaranth, Quinoa, Buchweizen – wegen der enthaltenen Gerb- und Bitterstoffe) und rohes Getreide (da es für Babys schwer verdaulich ist)
- Aubergine (hat einen hohen Nikotingehalt)
- Pilze (Die Schale ist schwer verdaulich.)
- Paprika (Die Schale ist schwer verdaulich und kann blähend wirken. Kann aber in Maßen angeboten werden, wenn das Kind will)
- Spinat, Mangold, Rote Beete (haben einen hohen Nitratgehalt und sollten deswegen nur in kleinen Mengen und nicht mehrmals die Woche angeboten werden, nicht wiederholt aufwärmen oder warmhalten)
- Soja (hat eine hormonelle Wirkung)
- Blähende Lebensmittel (Linsen, Erbsen, Kohl, Bohnen)

- Scharfe Gewürze (Pfeffer, Chili)
- Gewürzmischungen (Gewürze sollten nur sparsam verwendet werden und so, dass das Kind verschiedene Geschmäcker langsam und nacheinander kennenlernt.)
- Salz (kann ihn zu hohen Mengen die Nieren belasten, maximal 1 g am Tag, dieser Bedarf wird oft schon über Muttermilch und den natürlichen Salzgehalt von Lebensmitteln gedeckt)
- Rohe oder halbrohe Eier (aufgrund der Salmonellengefahr)
- Blattsalate (können schlecht gekaut werden, bleiben unter Umständen am Gaumen kleben)
- Alkohol
- Kaffee, schwarzer und grüner Tee (enthalten Koffein oder Teein)
- Unverdünnte Fruchtsäfte oder Limonade (enthalten zu viel Zucker)
- Lebensmittel mit reduziertem Fettgehalt
- Farb-, Konservierungsstoffe und Geschmacksverstärker (Lebensmittelfarben, Glutamat, Hefeextrakt etc.)
- Allergieauslösende Lebensmittel (sollten in geringen Mengen unter Beobachtung eingeführt werden. Dazu gehören: Kakao, Tomaten, Fisch, Nüsse, Pfirsiche und Zitrusfrüchte)

Verschlucken

Viele Eltern, die zum ersten Mal von BLW hören, sind skeptisch. Wie soll das Baby ohne Zähne kauen? Und was, wenn es sich verschluckt?

Die Sorgen sind jedoch zum größten Teil unbegründet. Kauen kann das Baby auch schon ohne Zähne super. Es zermalmt die Speisen einfach auf den Kauleisten. Das funktioniert super, und schließlich können ja auch Kleinkinder kauen, die oft noch nicht alle Backenzähne haben.

Auch das Verschlucken ist meistens nicht so dramatisch, wie es zunächst klingt. Zum einen verschlucken sich auch Kinder, die Brei bekommen, am Anfang regelmäßig, da das Verschlucken zunächst ein natürlicher Schutzmechanismus ist. Wir alle haben einen Punkt im Rachen, an dem der Würgereiz ausgelöst wird. Bei uns Erwachsenen ist er sehr weit hinten, bei Kindern weiter vorne, je jünger sie sind. Bei einem Baby ist dieser Punkt sehr weit vorne im Mund, weshalb der Würgereflex am Anfang recht häufig ausgelöst wird. Die Nahrung wird dann unter lautem Husten und Würgen wieder aus dem Mund befördert, dies ist jedoch nicht gefährlich, sondern bewahrt das Kind vor einer Gefahr (weil es die Nahrung noch nicht genügend zerkaut hat).

Beim echten Verschlucken, wenn also tatsächlich Nahrung in die Luftröhre gelangt, lässt das Husten nicht nach, das Kind läuft rot an und das Luftholen fällt schwer. In diesem Fall können wir zunächst versuchen, das Kind zu unterstützen, indem wir es über den Schoß legen, sodass der Kopf tiefer liegt als der Körper. Dann klopft man mit Schwung von unten zwischen die Schulterblätter. Sollte dies nicht dazu führen, dass die Luftröhre wieder frei wird, hilft nur noch der Heimlich-Handgriff. Hierbei nimmt man das Kind mit dem Rücken vor seinen Bauch und legt die Hände auf den Brustkorb (auf Höhe der Lungenflügel). Dann presst man ruckartig die Hände auf den Brustkorb. Dadurch soll die noch in den Lungen verbliebene Luft in einem Schwall hinausgedrückt werden und dabei das Verschluckte mit hinausbefördern.

In einem solchen Fall sollte möglichst parallel jemand den Rettungsdienst rufen.

VERSCHLUCKEN VORBEUGEN

Wir können dem gefährlichen, echten Verschlucken gut vorbeugen, indem wir einige Nahrungsmittel erst dann anbieten, wenn das Kind etwas älter ist. Zu diesen Nahrungsmitteln gehören Nüsse (als Daumenregel: Nüsse erst geben, wenn das Kind diese selber knacken kann), Bonbons (vor allem kleine runde, die durch ihre Form schnell verschluckt werden können), Weintrauben und große Heidelbeeren (durchgeschnitten anbieten).

Außerdem sollten Babys und Kleinkinder im Sitzen essen und dabei nicht herumlaufen.

BLW und Brei

BLW wird oft gleichgesetzt mit „breifrei". Im Grunde muss es das aber gar nicht heißen. Streng genommen könnte ein Baby auch bei BLW Brei bekommen – wenn es diesen alleine isst.

Nun ist Brei jedoch schon beim Füttern eine schmierige Angelegenheit. Wenn das Kind schon einen Löffel halten kann und man selber es aushält, kann man sein Kind natürlich auch alleine löffeln lassen. In den meisten Fällen ist das aber sehr unpraktisch und führt dazu, dass der Brei überall landet – nur nicht im Babymagen.

KEINE SORGE VOR FLECKEN – ENTSPANNT ESSEN

Damit man das Kind nicht nach jeder Mahlzeit komplett umziehen muss und Flecken gar nicht erst entstehen, gibt es mittlerweile eine Vielzahl verschiedener Lätzchen. Es gibt Lätzchen mit Ärmeln, die vor allem für die kältere Jahreszeit praktisch sind, da sie die Ärmel der Kleidung mit schützen, Lätzchen aus etwas härterem Plastik mit einer „Auffangvorrichtung", in der heruntergefallenes Essen gesammelt wird und viele weitere Modelle.

Um sich Arbeit und Nerven zu sparen, ist es sinnvoll, unter dem Kinderstuhl eine Kunststoffmatte auszulegen, und manche Eltern gehen gar so weit, ihr Kind nackt oder nur mit Windel bekleidet essen zu lassen. So muss man sich über Flecken keine Sorgen machen.

Eine Option, um dennoch Brei anbieten zu können, sind die Quetschies. Aus zuvor beschriebenen Gründen nimmt man am besten die wiederbefüllbaren, die man selber mit Brei befüllt. Nun kann das Kind den Brei selbstständig zu sich nehmen.

„Wir mischen"

Anne-Kathrin, 30 Jahre

Als bei uns die Beikosteinführung anstand, habe ich mir ehrlich gesagt nicht wirklich viele Gedanken darüber gemacht. Für mich war klar, dass ein Baby Brei bekommt, und diesen wollte ich selber kochen.

Ich kaufte also einen Babynahrungszubereiter, suchte Rezepte zusammen und überlegte, welches Gemüse für den Start am besten wäre. Als unser Baby knapp sechs Monate alt war, kochte ich dann begeistert und voller Vorfreude den ersten Brei. In meiner Fantasie saß ich glücklich lächelnd neben meinem Kind, fütterte Löffel um Löffel, und das Kind konnte gar nicht genug bekommen. In der Realität wurde der Brei ausgespuckt, sobald er in den Mund gelangte.

Nun gut, dachte ich, vielleicht ist es noch zu früh. Ich wartete noch ab. Doch auch beim nächsten Versuch verweigerte das Baby den liebevoll zubereiteten Brei. Stattdessen probierte es freudig die Nudel, die Papa ihm reichte. Aber Nudel? Das kann doch nicht richtig sein!

Ich begab mich also auf Informationssuche. Und schnell stieß ich im Netz auf andere brei-ablehnende Kinder und das Zauberwort, mit dem auch diese Kinder Nahrung zu sich nahmen: BLW.

Nun gut, dachte ich mir, probieren kann man es ja mal. Beim Kochen wurde von nun an also immer etwas beiseitegelegt. Dem Kind dann auf einem extra Teller angeboten und das Kind aß mit Freude. Nicht viel, aber sehr vielfältig. Alles wurde probiert, manches wieder ausgespuckt. Nudeln waren der absolute Renner.

Irgendwann gab es bei einem befreundeten Kind einen Getreide-Obst-Brei, der plötzlich mit Hochgenuss verdrückt wurde. Ab da gab es zusätzlich zu dem Fingerfood hin und wieder einen Brei. Mal im Quetschbeutel, mal von mir gefüttert.

So hat uns das Essen Spaß gemacht, und das Kind konnte selber experimentieren, viel kennenlernen und selbstständig werden. Auch mal Brei zu füttern, war für mich einfach praktisch.

Den eigenen Weg finden

Essen sollte zu Beginn des Lebens vor allem eins: Spaß machen.

Am besten sowohl dem Kind als auch der Mutter. Denn wenn die Mutter durch das ständige Kochen eigentlich nur gestresst ist und genervt reagiert, wenn das Kind den liebevoll zubereiteten Brei verschmäht, dann hat auch das Kind schnell keine Freude mehr daran.

Doch genau diese Freude ist wichtig, damit die ganzen neuen Erfahrungen, Geschmäcker und Konsistenzen unbelastet erlebt werden können.

Damit das Essen allen Spaß macht, ist es manchmal nötig, dass man sich von bestimmten Idealvorstellungen verabschiedet. Immer alles frisch zuzubereiten, klingt zwar wundervoll, kann sich aber im Alltag als echter Alptraum erweisen. Hier flexibel zu bleiben und nicht an den eigenen Ansprüchen zu verzweifeln, ist manchmal nicht so leicht, wie es klingt.

Bedürfnisse

Zu Beginn der Beikosteinführung hat das Kind nicht primär das Bedürfnis, seinen Hunger zu stillen, sondern vor allem Neues kennenzulernen. Der Nährstoff- und Energiebedarf wird noch hauptsächlich über die Milch gedeckt.

Als Mutter hat man meist irgendwann jedoch das Bedürfnis, dass das Baby mehr Nahrung in Form von Brei oder festen Lebensmitteln zu sich nimmt und weniger Milch benötigt. Vor allem stillende

Mütter erhoffen sich dadurch (wohlverdiente!) Pausen und erholsamere Nächte.

In solchen Fällen wird oft dazu geraten, Brei zu füttern, da dieser vom Kind schneller in großen Mengen verspeist werden kann. Forscher haben jedoch zeigen können, dass die Menge der verspeisten Lebensmittel keinen direkten Einfluss auf die Schlafdauer eines Babys hat. Im Gegenteil können Babys, die vor dem Schlafen eine große Portion Brei gegessen haben, teilweise schlechter schlafen, da die Verdauung ihnen zu schaffen macht.

Viele Forscher gehen darum mittlerweile davon aus, dass die wenigsten Babys wach werden, weil sie tatsächlich Hunger haben, sondern weil ihre Schlafzyklen so verlaufen. Stillen oder das Fläschchen wollen die Kinder dann nur, weil diese helfen, wieder in den Schlaf zu finden.

Rahmenbedingungen

Manchmal würde man zwar gerne selber kochen, schafft dies aber einfach aus zeitlichen Gründen nicht. Manche kochen darum am Wochenende vor und geben dem Baby dann unter der Woche aus diesem Vorrat.

BLW ist wahrscheinlich die praktischste Alternative. Hier braucht man nicht separat für das Baby zu kochen (wobei das natürlich auch möglich wäre). Dafür bleibt die Milch aber oft länger das Hauptnahrungsmittel.

Fragebogen

Welche Gedanken hast du, wenn du an die Beikosteinführung denkst? Wie fühlst du dich dabei?

_____

Hast du ganz klare Vorstellungen, was du machen möchtest oder bist du eher unsicher?

_____

Wer beeinflusst deine Meinung zu dem Thema?

_____

Hast du Sorge, deine Wünsche einer bestimmten Person mitzuteilen? Warum?

_____

Was glaubst du, ist das Beste für dich? Was ist das Beste für dein Baby? Was ist das Beste für euch als Familie?

_____

Fühlst du dich gut informiert?

_____

Welche Informationen fehlen dir noch?
Welche Fragen sind noch offen?

_____

_____

Falls du dich noch nicht ausreichend informiert fühlst oder dir Sorgen machst, kannst du an folgenden Stellen weitere Informationen oder Hilfestellungen erhalten:

https://www.dge.de/
Auf der Homepage der Deutschen Gesellschaft für Ernährung bekommst du umfangreiche Informationen rund um das Thema Ernährung. Unter dem Menüpunkt „Ernährungspraxis" kannst du „Bevölkerungsgruppen" anwählen und findest dort Informationen speziell für Schwangere, Säuglinge und Kinder.

https://www.dge-medienservice.de/
Auf der DGE-Medienservice Seite kannst du günstig (und teilweise kostenlos) Broschüren zum Thema Ernährung herunterladen und bestellen. Gib einfach ein Stichwort in die Suchleiste ein und du findest alles Relevante zu diesem Thema.

https://www.breirezept.de/
Hier findest du jede Menge Wissenswertes rund um die Breikost (auch einiges zum Thema Breifrei und BLW) sowie Rezepte und praktische Tipps.

Buchtipp: Baby-led Weaning – Das Grundlagenbuch: Der stressfreie Beikostweg
In diesem Ratgeber stellen Gill Rapley und Tracey Murkett das Konzept Baby-led Weaning genauer vor und geben viele praktische Tipps und Hinweise.

TRANSPORT

Es dauert relativ lange, bis unsere (Menschen-)Kinder mobil werden. Während die Jungen im Tierreich oft nach wenigen Stunden oder Tagen schon auf eigenen Beinen stehen und durch die Gegend staksen, dauert dies bei unseren Kindern ein Jahr und länger.

Die Frage, wie wir unsere Kinder bis dahin von A nach B bringen, bewegt nicht nur Eltern, sondern auch große Firmen, die immer wieder neue Produkte auf den Markt bringen, mit denen das Kind noch komfortabler durch die Welt geschoben oder getragen werden kann.

Schieben oder Tragen, das sind dabei die zwei großen Lager, die oft suggerieren, das eine sei stets besser als das andere. Doch auch hier gibt es verschiedene Bedürfnisse, die von der einen oder anderen Methode besser erfüllt werden.

Schieben

Kinderwagen, Buggy, Sportwagen, Jogger. Mittlerweile gibt es eine Vielzahl an rollenden Gefährten. Ein Kinderwagen ist dabei ganz klar schon Lifestyle-Objekt, und Hersteller machen sich dies zunutze, indem sie mit bekannten Personen Werbung machen.

Schade ist es jedoch, wenn Hersteller viel Geld für solche Werbung ausgeben, dabei die Qualität aber auf der Strecke bleibt. Die Stiftung Warentest testete in den vergangenen Jahren regelmäßig Kinderwagen, Buggys und Co. und kam dabei immer wieder zu dem erschreckenden Ergebnis, dass viele verwendete Stoffe und Materialien stark mit Schadstoffen belastet sind.

Hier heißt es somit beim Kinderwagenkauf: Augen auf und sich vorher informieren. Gebrauchte Kinderwagen sind dabei eine gute Alternative, da hier die Schadstoffe schon zu einem großen Teil verflogen und ausgedünstet sind. Wer einen neuen Wagen kauft und nicht ganz sicher ist, sollte diesen am besten eine Zeit lang aufgebaut (oder zumindest ausgepackt) im Keller oder in der Garage lagern, sodass er auslüftet. Stoffe, die man waschen kann, sollten auf jeden Fall einmal gewaschen werden und alles, was sich abspülen lässt, sollte ebenfalls einmal gründlich abgespült werden.

Welche Art von Wagen man wählt, hängt immer von den eigenen Bedürfnissen ab. Es gibt Wagen, die sich vor allem für das Gelände eignen und Wagen, die eher für die Stadt und schmale Einkaufpassagen gedacht sind. Schwenkbare Räder sind super in engen Kaufhäusern, auf einem holperigen Waldweg stören sie hingegen eher.

Erstlingswagen

Der Erstlingswagen ist der Klassiker, und wenn wir an einen Kinderwagen denken, haben die meisten von uns einen Erstlingswagen im Kopf. Er ist speziell für Babys und hat eine große Babywanne mit viel Liegeplatz. Der Erstlingswagen ist ideal für Neugeborene, da er gut gefedert und sehr komfortabel ist.

Allerdings eignet sich der Erstlingswagen nur dazu, ein Baby oder Kind im Liegen zu transportieren. Auch wenn Kinder recht lange von der Größe her in den Erstlingswagen passen, kann man diesen nicht mehr benutzen, wenn das Kind selbstständig sitzen kann und will.

Sportwagen

Der Sportwagen ist für Kleinkinder gedacht, die schon gut und sicher alleine sitzen können. Ab diesem Alter wollen die meisten Kinder nicht mehr liegend durch die Gegend fahren, sondern sitzen. Der Sportwagen eignet sich somit ab ca. sechs Monaten, wobei ausschlaggebend ist, ob das Kind alleine und sicher sitzt.

Wenn der Erstlingswagen nicht mehr ausreicht, steigt man also meist auf einen Sportwagen um. Da es extrem teuer ist, erst einen Erstlingswagen und dann einen Sportwagen zu kaufen, werden in Deutschland meist direkt Kombikinderwagen gekauft.

Kombikinderwagen

Der Kombikinderwagen kommt mit einer Babywanne für die ersten Monate, kann danach aber auch ohne diese Wanne verwendet werden. Manchmal gibt es einen extra Aufsatz (Sportwagenaufsatz) oder man kann einfach den Untergrund, auf dem die Babywanne vorher stand, hochklappen und so zu einem Sitz umfunktionieren.

Ein Kombikinderwagen eignet sich dadurch nicht nur für die Zeit nach der Geburt, sondern auch für Kinder, die schon selber sitzen.

„MAXI-TAXI" NUR FÜR KURZE STRECKEN

Bei vielen Kombikinderwägen, Joggern und Buggys gibt es mittlerweile die Möglichkeit, eine Babyschale aufzustecken. Manchmal benötigt man dazu einen Adapter, manchmal passt nur die hauseigene Marke.

Eltern finden diese Möglichkeit sehr praktisch, da sie erlaubt, das schlafende Kind in der Babyschale zu transportieren, ohne das Gewicht über längere Zeit tragen zu müssen.

Allerdings sollte man sich darüber im Klaren sein, dass die Babyschale nicht ideal ist, da in ihr die Wirbelsäule eines Babys stark belastet wird. Für Autofahrten ist die Babyschale dennoch immer die erste Wahl, und auch einen kurzen Einkauf würden Kinder darin unbeschadet überstehen.

Dennoch ist es immer besser, das Kind außerhalb des Autos in den Kinderwagen zu legen oder in eine Trage zu nehmen. Auch bei langen Autofahrten sollten regelmäßig Pausen (in etwa alle zwei Stunden) gemacht werden, in denen das Kind aus der Babyschale herausgenommen wird.

Ein Kind sollte niemals unbeaufsichtigt in einer Babyschale abgestellt oder im Auto zurückgelassen werden. Selbst wenn es durch das Herausnehmen aufwacht.

Jogger

Ein Jogger ist ein Wagen, der nicht über vier, sondern nur drei Räder verfügt. Jogger sind dadurch wendiger. Allerdings sind nicht alle Jogger auch tatsächlich zum Laufen zugelassen (auch wenn der Name dies eigentlich vermuten ließe).

Ein Jogger ist ab sechs Monaten (bzw. Sitzalter) nutzbar, und für einige Jogger kann man zusätzlich eine Babywanne oder ein Nestchen kaufen, um diesen auch schon vorher nutzen zu können.

Buggy

Der Buggy ist eigentlich für ältere Kinder gedacht, da er meist nicht so gut gefedert ist. Dafür ist er wendig, kompakt und hat ein kleines Faltmaß, wodurch er sich super transportieren lässt.

Auch für viele Buggys gibt es mittlerweile Zusätze, mit denen man ihn nutzen kann, bevor das Kind sitzen kann. Allerdings sollte man sich darüber im Klaren sein, dass ein Erstlingswagen oder Kombikinderwagen dennoch die bessere Option ist, da diese Wagen besser gefedert sind und mehr Komfort für das Kind bieten.

„Wir schieben"

Charlotte, 28 Jahre

Für mich war es klar, dass ein Kind in den Kinderwagen gehört. Natürlich habe ich auch Mamas und Papas gesehen, die ihre Kinder getragen haben, für mich (und auch meinen Mann) kam das jedoch nie infrage.

Es wäre mir viel zu unsicher gewesen, da ich Angst hätte zu stolpern und mit meinem Kind hinzufallen. Außerdem finde ich es zu anstrengend, da mein Kind ja auch etwas wiegt. Im Sommer kommt hinzu, dass es mir viel zu heiß wäre, im Winter wüsste ich gar nicht, wie ich meine Jacke zubekommen sollte.

Wir haben uns somit für einen einfachen Kinderwagen entschieden und sind damit gut gefahren. ;)

Unser Kind hat gut im Kinderwagen geschlafen, und wenn es geschrien hat, habe ich es herausgenommen und auf dem Arm getragen.

Mittlerweile kann unser Kind laufen, und wenn wir unterwegs sind, will es ständig aus dem Buggy heraus und selber die Welt erkunden. Auch das wäre mir bei einer Trage oder einem Tuch zu aufwendig.

Wir sind mit dem Kinderwagen/Buggy sehr zufrieden, und auch unserem Kind scheint es so zu gefallen.

Tragen

Seit einigen Jahren wird es immer beliebter: sein Kind nicht im Wagen vor sich herzuschieben, sondern vor dem Bauch, auf dem Rücken oder auf der Seite zu tragen.

Argumente dafür sind, dass man dem Kind näher ist und dass das Tragen die natürliche Art der Fortbewegung unserer Kinder ist. Kinder fühlen sich hierbei besonders geborgen, können besser einschlafen und schreien weniger.

Zu Anfang trägt man das Kind dabei ausschließlich vor dem Bauch, das Kind mit dem Gesicht zum Träger gewandt. Eine korrekte Bindeweise oder gute Trage ist dabei wichtig, um eine gesunde Körperhaltung des Kindes zu ermöglichen.

Kinder sollten möglichst immer in „Anhock-Spreizhaltung" in einer Trage sitzen. Das bedeutet, dass die Beine des Kindes angewinkelt am Körper des Tragenden liegen. Die Knie des Kindes befinden sich etwa auf Bauchnabelhöhe, auf jeden Fall über dem Po. Der Winkel zwischen den Beinen beträgt etwa 90°, der zwischen Oberschenkel und Wade 100° bis 110°. Der Rücken sollte stets gut gestützt werden, dabei aber gerundet bleiben.

Später kann man das Kind auch auf der Hüfte oder auf dem Rücken tragen. Wenn Kinder schwerer werden, ist dies für den Träger komfortabler, und auch ältere Kinder können so, und mit der richtigen Trage, lange bequem getragen werden.

Trotzdem kann das Tragen natürlich anstrengend sein, und nicht jedes Elternteil fühlt sich wohl dabei. Körperliche Grenzen sollten immer beachtet und niemals überschritten werden.

WENN DAS TRAGEN SCHMERZEN BEREITET

Sein Kind zu tragen, sollte keine Schmerzen (abgesehen von ein bisschen Muskelkater) verursachen. Wenn man merkt, dass man während oder nach dem Tragen Schmerzen hat, sollte zunächst gründlich überprüft werden, ob alles richtig sitzt und gebunden ist. Eine Trageberatung kann hierbei helfen.

Auch eine andere Trage könnte Abhilfe verschaffen, da sich das Gewicht bei den verschiedenen Tragen und Tüchern unterschiedlich verteilt.

Sollte man dennoch Schmerzen bekommen, gilt es sich zu fragen, in welchem Verhältnis dieser Schmerz mit dem Wunsch zu tragen steht.

Vielfältige Tragesysteme helfen Eltern dabei, das Kind bequem zu tragen und bieten für jedes Bedürfnis die passende Lösung. Durch die Auswahl ist es jedoch auch schwierig für Unerfahrene, das Passende für sich zu finden. Eine Trageberatung hilft nicht nur dabei, einen Überblick zu gewinnen, sondern ermöglicht auch das Probetragen und hilft, die richtigen Bindetechniken zu erlernen.

Grundsätzlich unterscheidet man zwischen Tüchern (Tragetüchern, Ring-Slings) und Tragehilfen (rucksackähnliche Tragen, die entweder mit Schnallen verschlossen werden oder geknotet).

Tragetücher

Tragetücher sind lange Stoffbahnen, die auf bestimmte Art und Weise um den Körper geschlungen und verknotet werden. Aufgrund vielfältiger Bindeweisen kann man das Kind in ihnen in vielen verschiedenen Positionen tragen.

Es gibt elastische und nicht elastische Tücher und verschiedene Webarten. Jedes Tuch hat ganz eigene Vor- und Nachteile, und um das richtige Tuch für die eigenen Bedürfnisse zu finden, ist eine Trageberatung sinnvoll.

EINE TRAGEBERATERIN FINDEN

Eine Trageberatung in deiner Nähe findest du zum Beispiel über das Tragenetzwerk (tragenetzwerk.de) oder indem du über die Google-Suche danach suchst (Trageberatung + deinen Wohnort eingeben).

Auch viele Hebammen stehen in Kontakt zu Trageberaterinnen und können da Empfehlungen geben, manchmal haben Hebammen gar eine Zusatzqualifikation.

Ring-Sling

Die Ring-Sling ist eine Sonderform des Tragetuchs. Hier befinden sich auf der einen Seite des Tuches zwei Metallringe, durch die der Stoff gezogen wird, wenn man sich das Tuch umlegt. Dadurch braucht man keine Knoten zu machen, und das Tuch ist schnell und unkompliziert angelegt.

Allerdings ist die Ring-Sling dafür weniger variabel als das herkömmliche Tragetuch.

Die Ring-Sling wird oft bei etwas größeren Kindern genutzt, die schon selbstständig sitzen, da diese oft aus der Trage hinaus und kurze Zeit später wieder hinein wollen.

Halfbuckle

Eine Halfbuckle ist eine Trage, die über einen Hüftgurt mit Schnallen verfügt, die Schulterträger werden hingegen gebunden. Diese Tragen lassen sich so recht schnell anlegen und bleiben durch die geknoteten Schulterriemen sehr variabel.

Fullbuckle

Full-Buckle-Tragen werden komplett mit Schnallen verschlossen. Es gibt also Schnallen an der Hüfte und auch an den Schulterträgern. Die Gurte erinnern an die eines Wanderrucksacks und alles ist gut gepolstert.

Der Vorteil ist, dass die Trage unkompliziert auf den jeweiligen Träger eingestellt werden kann und man die Trage durch Zug an den entsprechenden Riemen anpassen kann, wenn das Kind schon sitzt.

Mittlerweile kann man auch mit der Fullbuckle in vielen verschiedenen Positionen tragen.

TRAGEN MIT DEM GESICHT NACH VORNE

Es wird immer wieder kritisiert, dass man Kinder mit Fullbuckle-Tragen mit dem Gesicht nach vorne (vom Träger weg) tragen kann.

Kinder würden so zu vielen Reizen ausgesetzt, und man kann auf Stimmungen schlecht eingehen, da man das Gesicht des Kindes nicht sehen kann. Außerdem ist die Körperhaltung der Kinder in dieser Position nicht ideal.

Empfohlen wird darum, dass man Kinder auf diese Weise erst trägt, wenn sie schon kommunizieren können und nur in geschützten Umgebungen. Für lange Zeiträume am Stück sollte man das Kind lieber mit dem Gesicht zum Träger gewandt tragen.

Trotzdem gibt es Kinder, die diese Trageweise geradezu einfordern und ansonsten in Tragen unzufrieden sind. Auch hier kommt es somit auf die Bedürfnisse der jeweiligen Personen an, und es sollte ein individueller Weg gefunden werden, mit dem sich alle wohlfühlen.

„Gruseltragen"

Im Internet findet man bei Diskussionen um verschiedene Tragen (meist geht es um Fullbuckle-Tragen) die Bezeichnung „Gruseltrage". Eine Gruseltrage ist eine Trage, die nicht ergonomisch ist und in der das Kind gezwungen ist, eine falsche Haltung einzunehmen.

Solche Tragen stehen im Verdacht, Hüftfehlstellungen zu begünstigen und zu fördern. Gruseltragen erkennt man vor allem daran, dass die Kinder nicht in der empfohlenen Anhock-Spreizhaltung in der Trage sitzen, sondern die Beine gerade an der Seite herunterbaumeln.

Bemängelt wird dabei auch, dass so das Gewicht nicht auf dem Po liegt, sondern auf den vorderen Geschlechtsteilen, was besonders für Jungen sehr unangenehm sein kann.

Bei Gruseltragen handelt es sich meist um ältere Modelle oder Tragen, die sehr günstig verkauft werden und aus dem Ausland kommen. Hier sollte man als Elternteil immer genau hinschauen, wie das Kind in der Trage sitzt. Auch hier hilft eine Trageberatung, nicht auf eine solche Trage hereinzufallen.

„Wir tragen"

Angela, 35 Jahre

Ich bin mittlerweile Mama von drei Kindern. Während ich bei meinem ersten Kind vieles einfach so machte, wie alle anderen es eben machen, habe ich bei meinem dritten Kind jetzt einen anderen Weg gewählt.

Ich möchte mein Kind so „artgerecht" wie möglich behandeln, und dazu gehört für mich, dass ich es trage. Ich und mein Partner waren bei einer Trageberatung und haben dann ein Tuch und eine Fullbuckle gekauft.

Seit unser Kind auf der Welt ist, trage ich im Tuch und später, als es etwas älter war, hat mein Partner es auch viel in der Trage getragen. Einen Kinderwagen hatten wir gar nicht, und wir hatten auch nie das Gefühl, einen zu brauchen.

Für den Winter haben wir ein Trage-Cover gekauft, das man einfach an der eigenen Jacke befestigt, und durch die Körperwärme war unser Baby so immer schön warm. Im Sommer ist es natürlich manchmal recht warm mit einer Trage, aber an sehr heißen Tagen haben wir eh versucht, uns so wenig wie möglich zu bewegen.

Meine anderen beiden Kinder sind schon zehn und dreizehn, und ich glaube, der einzige Grund für einen Kinderwagen wäre für mich gewesen, dass die beiden einen bräuchten. Ein Kind zu tragen, empfand ich als wirklich angenehm und es war gar kein Problem. Wenn nun aber zwei Geschwister dabei sind, die noch keine weiten Strecken laufen können, wäre es für mich etwas anderes.

Autofahren nur mit geeigneter Babyschale

Egal ob man sich für einen Kinderwagen oder eine Trage entscheidet: Wenn man mit einem Baby Auto fährt, dann ist eine Babyschale zunächst ein absolutes Muss. Die Babyschale sollte schon früh gekauft werden (spätestens um die 30. Schwangerschaftswoche) und bereitstehen, falls die Geburt doch etwas früher losgeht.

Niemals sollten Eltern ihr Baby ohne geeignete Babyschale (oder später Kindersitz) im Auto transportieren. Ein Baby nicht in einer Babyschale, sondern stattdessen auf dem Arm oder gar im Tragetuch im Auto zu haben, ist extrem gefährlich und darüber hinaus auch strafbar.

Babyschalen mit Isofix sind deutlich sicherer als solche ohne, da sie Bedienungsfehler bei der Fixierung nahezu ausschließen. Der Tragegriff muss bei den meisten Modellen aufgestellt werden und dient so als Überrollbügel. Nur bei einigen wenigen Modellen muss der Tragegriff heruntergeklappt werden (dann meist in Richtung der Füße des Kindes). Die richtige Position des Bügels steht in der Bedingungsanleitung und sollte unbedingt eingehalten werden.

Viele Eltern fragen sich, wann die Babyschale zu klein ist und ein neuer Sitz her muss. Die Faustregel, dass man die Babyschale so lange wie möglich nutzen soll, gilt heute nicht mehr, wenn man danach auf einen Reboarder umsteigt.

Ein Reboarder ist ein Sitz, in dem das Kind weiterhin (wie bei der Babyschale) entgegen der Fahrtrichtung sitzt. Reboarder sind für Kinder deutlich sicherer, weil das Kind bei einem Frontalaufprall durch die Fliehkräfte in den Sitz hineingedrückt wird und nicht aus diesem heraus. So wird die noch schwache Muskulatur im Nacken- und Kopfbereich geschützt. Das Argument, dass Reboarder dafür bei einem Heckaufprall schlechter abschneiden, stimmt zwar, ein Heckaufprall führt aber in der Regel deutlich seltener zu so schweren Unfällen wie ein Frontalaufprall. Bei Auffahrunfällen (Heckaufprall), sind die Autos oft entweder deutlich langsamer oder bewegen sich zumindest beide in die gleiche Richtung, wodurch die Kräfte ganz anders wirken als bei einem Aufprall, bei dem zwei Autos mit hoher Geschwindigkeit aus entgegengesetzten Richtungen aufeinanderprallen.

Der Wechsel auf einen anderen Sitz kann also durchaus schon erfolgen, sobald das Kind die Bedingungen für den neuen Sitz erfüllt (meist eine bestimmte Größe und/oder ein bestimmtes Gewicht), sofern es sich hierbei um einen Reboarder handelt.

Ein Wechsel ist auf jeden Fall notwendig, sobald der Kopf des Kindes über die Begrenzung der Babyschale geht. Ob die Beine über die Babyschale hinausgehen oder gar an der Sitzlehne anliegen, ist dabei unerheblich.

Den eigenen Weg finden

Ob man sein Baby lieber tragen oder schieben möchte, ist eine Frage, die viel Geld kosten kann. Kinderwagen und Co. kosten schnell mehrere Hundert Euro, und auch ein gutes Tragetuch oder eine Trage haben ihren Preis.

Wenn man dieses Geld investiert und dann feststellt, dass das eigene Kind mit dem gekauften Modell absolut unzufrieden ist, ist das sehr ärgerlich. Um dem vorzubeugen, kann man bei vielen Trageberatern verschiedene Tücher oder Tragen ausleihen, um sie in Ruhe zu Hause auszuprobieren. Man kann auch zunächst bei Freunden das eine oder andere ausprobieren, um in Erfahrung zu bringen, was man selber und das Kind mag oder nicht mag.

„Wir tragen und schieben"

Samira, 29 Jahre

Ich finde Tragetücher und Tragen super, genieße manchmal aber auch den Luxus eines großen Kinderwagens.

Wenn unser Kind nicht einschlafen kann, Verdauungsbeschwerden hat oder zahnt, dann trage ich sehr gerne in unserer Mei-Tai.

Für die haben wir uns entschieden, da ich sie auch alleine super anlegen kann und es alles schnell geht. In der Trage kann unser Kind super entspannen und schläft oft nach wenigen Minuten ein. Allerdings muss ich dann auch in Bewegung bleiben: Wenn ich mich hinsetze oder das Kind ablegen will, wacht es sofort auf.

Darum nutzen wir auch oft den Kinderwagen. In der Regel schläft unser Kind darin sehr gut ein und schläft auch dann weiter, wenn man den Wagen abstellt.

Praktisch finde ich am Tragen, dass ich überall langkomme, auch über holperige Waldwege oder Wiesen und Felder. Da unser Kind aber mittlerweile etwas mehr wiegt, nehme ich für lange Strecken den Kinderwagen.

Wir entscheiden einfach von Situation zu Situation, was sich gerade anbietet. Mein Mann, der unter starken Rückenproblemen leidet, konnte unser Kind schon einige Monate nach der Geburt nicht mehr schmerzfrei tragen, auch darum bin ich oft froh um den Kinderwagen.

Bedürfnisse

Wie schon bei den Themen Schlafen und Stillen spielt auch hier das Nähebedürfnis des Babys eine große Rolle. Viele Babys lieben es, getragen zu werden. Es erinnert an die Zeit im Bauch. So fühlen sie sich wohl, schlafen mehr und besser und schreien weniger.

Doch auch der Kinderwagen hat für viele Babys eine beruhigende Wirkung. Das leichte Schaukeln, der Blick in den Himmel (Babys können am Anfang zwar schlecht sehen, Farbunterschiede, hell und dunkel nehmen sie aber wahr).

Auf der anderen Seite stehen wiederum die Bedürfnisse der Eltern. Manchmal möchte man sich vielleicht selber ausruhen und hinlegen, wenn das Baby schläft, manchmal etwas im Haushalt erledigen. Nicht jedes Kind schläft dabei im Tuch weiter. Viele kann man gut ablegen, nachdem sie fest eingeschlafen sind, aber nicht alle.

Manche Babys wachen auf, sobald der Träger zur Ruhe kommt. Das ständige Herumlaufen kann dann sehr anstrengend werden.

Bei diesem Thema spielt zudem die Zeit eine ganz besondere Rolle: Das Kind wird älter und schwerer, aktiver und selbstständiger. Wer sein Neugeborenes immer und gerne getragen hat, kann später merken, dass es einfach zu mühsam wird oder das Kind die Enge im Tragetuch nicht mehr mag.

Oder das Kind signalisiert auf einmal ständig von sich aus, dass es gerne auf den Arm genommen und getragen werden möchte.

Hier gilt es immer wieder die verschiedenen Bedürfnisse genau zu betrachten und immer wieder neu zu entscheiden, was gerade passt.

Den Wohnort und die täglichen Routinen sollte man bei dieser Entscheidung immer im Hinterkopf behalten. Die meisten Kinderwagen, Buggys etc. sind entweder speziell für die Stadt oder das Land konzipiert. Tragetücher und Tragen bieten hier den Vorteil, dass sie sich für jedes Gelände eignen.

Fragebogen

Welche Gedanken hast du, wenn du an einen Kinderwagen denkst?
Welche, wenn du an eine Trage denkst?

_____

Hast du ganz klare Vorstellungen, was du machen möchtest oder
bist du eher unsicher?

_____

Wer beeinflusst deine Meinung zu dem Thema?

_____

Hast du Sorge, deine Wünsche einer bestimmten Person
mitzuteilen? Warum?

_____

Was glaubst du, ist das Beste für dich? Was ist das Beste
für dein Baby? Was ist das Beste für euch als Familie?

_____

Fühlst du dich gut informiert?

_____

Welche Informationen fehlen dir noch?
Welche Fragen sind noch offen?

_____

_____

Falls du dich noch nicht ausreichend informiert fühlst oder dir Sorgen machst, kannst du an folgenden Stellen weitere Informationen oder Hilfestellungen erhalten:

https://tragenetzwerk.de/
Hier findest du viele Informationen rund um das Tragen und kannst in einer Übersichtskarte eine Trageberaterin in deiner Nähe finden. Solltest du dort keine Beraterin in deiner Nähe finden, empfiehlt sich die Suche über Google (gib dazu einfach deinen Wohnort + Trageberatung in das Suchfeld ein).

Buchtipp: Ein Baby will getragen sein: Alles über geeignete Tragehilfen und die Vorteile des Tragens
Wer mit dem Gedanken spielt, sein Baby zu tragen, findet in diesem Ratgeber von Evelin Kirkilionis einen tollen Begleiter. Das Buch gibt mit vielen Bildern einen ersten Überblick über die verschiedenen Tragen und Tragehilfen.

https://www.test.de/
Die Stiftung Warentest testet regelmäßig Kinderwagen und veröffentlicht die Testergebnisse auch online. Wenn du in das Suchfeld auf der Homepage „Kinderwagen" eingibst, kommst du zu allen relevanten Artikeln. Hier gibt es auch Tests zu Kindersitzen und Babyschalen.

WICKELN

Wenn man ein Baby bekommt, dann gehört sie bald zum Alltag dazu wie das Kind selber: die Windel. Ein Baby macht, bis es endgültig trocken ist, etwa 5.000 bis 6.000 davon voll. Trocken werden die meisten Kinder um das dritte Lebensjahr herum, wobei es hier starke Schwankungen gibt. „Jedes Kind hat sein eigenes Tempo", sollte dabei die Grundprämisse sein. Ausscheidungen sind auch für Kinder ein sensibles Thema, und hier sollte keinesfalls mit Druck gearbeitet werden. Kontrollieren können Kinder ihre Ausscheidungen frühestens mit zwei Jahren.

Wegwerfwindeln

Die erste „Pampers" kam 1961 auf den amerikanischen Markt und war damals ein wahres Wunder. Zuvor wurden Kinder mit Stoffwindeln gewickelt, die jedoch wenig mit den modernen Stoffwindeln gemein hatten. Trotzdem waren die Menschen skeptisch, und in Deutschland wurde die „Pampers" erst über zehn Jahre später (1973) auf den Markt gebracht.

Die damaligen Stoffwindeln waren einfache Tücher, die gefaltet und um das Kind gewickelt wurden. Manchmal wurde noch eine Gummihose darübergezogen, manchmal etwas Plastik umgebunden, oft kam darüber aber einfach die Hose oder nichts. So mussten diese Stoffwindeln oft gewechselt werden, und die Feuchtigkeit zog schnell in die umliegenden Stoffe.

Auch das Waschen war damals nicht so leicht: Bevor es die leistungsstarken und schnellen Vollwaschautomaten gab, die wir kennen, musste viel mit der Hand gewaschen werden.

Wegwerfwindeln waren dünn, einfach zu handhaben und erleichterten den Alltag damals enorm. Kein Wunder also, dass jede Frau, die es sich leisten konnte, umstieg.

Die heutigen Wegwerfwindeln sind sogar noch besser: Der Kern aus Superabsorber (einem Polymersalz) kann das Hundertfache seines Gewichts an Flüssigkeit aufnehmen, ohne es wieder abzugeben. Es ist keineswegs wie bei einem Schwamm, der alles aufsaugt, die Flüssigkeit aber wieder abgibt, wenn man ihn quetscht. Stattdessen wird die Flüssigkeit gebunden und kann nicht mehr austreten.

Auch sind die modernen Wegwerfwindeln noch dünner und sind dabei modisch mit bunten Motiven bedruckt. Die Klettverschlüsse halten dicht, sind gleichzeitig aber schnell wieder gelöst.

Trotzdem werden immer mehr kritische Stimmen laut. Wegwerfwindeln sind zwar sehr praktisch und helfen Müttern im Alltag sehr – sorgen aber auch für riesige Müllberge und verbrauchen bei der Produktion wertvolle Ressourcen.

„Wir wickeln mit Wegwerfwindeln"

Carolin, 26 Jahre

Ehrlich gesagt ist Wickeln für mich eine der wenigen Sachen, auf die ich, im Zusammenhang mit meinem Kind, gerne verzichten würde. Das Kind mag es nicht, ich mag es nicht und mein Partner auch nicht. Somit haben wir klare Absprachen, wer wann für die Windel zuständig ist, damit jeder mal drankommt.

Klar war für uns dabei von vornherein, dass wir mit Wegwerfwindeln wickeln. Stoffwindeln finde ich ehrlich gesagt ziemlich unhygienisch, und wie es ohne Windel gehen soll, ist mir schleierhaft.

Wir haben also zu Ende der Schwangerschaft einen Windeleimer und eine Packung Windeln gekauft. Seitdem wickeln wir mit der gleichen Marke, weil wir nie Probleme hatten und keine Lust auf Experimente haben. Meine Freundin hat mir mal beim Windel-LKW eine Packung gekauft, die war deutlich günstiger, aber letztendlich finde ich es bequemer, einfach in den nächsten Drogeriemarkt zu fahren und nach Bedarf einzukaufen, als hier ein großes Lager einzurichten.

Natürlich haben wir mittlerweile bestimmt ein kleines Vermögen für Windeln ausgegeben (Und die Abfallkosten sind auch gestiegen, da wir eine größere Tonne brauchten!), aber dass ein Kind teuer ist, das war uns im Vorfeld klar.

Wir finden Wegwerfwindeln praktisch, hygienisch, und für uns sind sie perfekt.

Stoffwindeln

Aufgrund der negativen Eigenschaften von Wegwerfwindeln feiert die Stoffwindel seit einigen Jahren ein Comeback in deutschen Haushalten. Allerdings unterscheiden sich die modernen Stoffwindeln deutlich von denen, die unsere Großeltern verwendeten. Sie sind viel praktischer und sehen dabei oft sehr niedlich aus. Während meine Oma ganz entgeistert war, als ich erzählte, dass Stoffwindeln wieder beliebter werden, hatte sie natürlich die Stoffwindeln im Kopf, die sie früher benutze. Mulltücher, die gefaltet werden mussten und mühsam in einem Kessel ausgekocht wurden, da die meisten Haushalte noch nicht über eine Waschmaschine verfügten.

WIE MAN MIT STOFFWINDELN GELD SPAREN KANN

Dass das Wickeln mit Stoffwindeln per se günstiger ist als das Wickeln mit Wegwerfwindeln stimmt nicht. Zwar hat man bei Stoffwindeln nur einmal den Anschaffungspreis, dafür muss man die Windeln jedoch waschen und zahlt nicht nur Strom und Wasser, sondern auch das Waschmittel. Wer zu Stoffwindeln greift, um Geld zu sparen, der sollte einige Punkte beachten: Je höher der Anschaffungspreis der Stoffwindeln ist, desto länger muss man wickeln, damit sich dieser amortisiert. Die beste Bilanz erreicht man, wenn man ein Stoffwindelset für mehrere Kinder benutzt.

Auch die Zahl der Windeln ist entscheidend: Je mehr Windeln man kauft, desto seltener muss man waschen (= vollere Waschmaschinen und Erleichterung im Alltag), desto teurer wird das Ganze aber auch.

Zum Trocknen der Stoffwindeln empfiehlt es sich, keinen Trockner zu nutzen, sondern diese an der Luft trocknen zu lassen. Die meisten Rechnungen, die ergeben, dass Stoffwindeln deutlich günstiger sind, gehen davon aus, dass man die Windeln an der Luft trocknet.

Moderne Mütter greifen nun aus ganz unterschiedlicher Motivation zur Stoffwindel: manche aus Umweltschutzgedanken und andere, weil sie langfristig günstiger sind als die Wegwerfalternative.

Für Verwirrung sorgen dabei anfangs oft die ganzen verschiedenen Begriffe und Windelarten. Im Grunde ist das Prinzip einer Stoffwindel jedoch bei allen „Systemen" gleich: Es gibt einen Saugkern, der die Ausscheidungen auffängt und speichert (zum Beispiel Mullwindeln, Einlagen oder Höschenwindeln) und einen Schutzteil, der dafür sorgt, dass der Rest der Kleidung trocken bleibt (meist ein Teil aus Plastik wie Überhosen oder Pocketwindeln).

Theoretisch könnte man seinem Kind einfach eine Mullwindel umbinden. Der Urin wird durch das Baumwolltuch aufgefangen, das Problem ist jedoch, dass Mullwindeln schnell nass sind und dann die Feuchtigkeit an das umliegende Gewebe abgeben. In den meisten Fällen wäre das die Kleidung des Babys, was ja nicht Sinn der Sache ist. Darum wird über den saugfähigen Kern nun etwas gezogen, was die Feuchtigkeit daran hindert, sich zu verbreiten.

Diese beiden Teile kann man separat kaufen oder sich für Windeln entscheiden, bei denen beides miteinander vernäht ist (sogenannte All-in-One-Windeln). Bei der separaten Variante liegt der Vorteil darin, dass man es auch getrennt waschen und den Saugkern, der die Ausscheidungen speichert, so bei höheren Temperaturen waschen kann. Dafür ist das Anlegen der Windel hierbei nicht ganz so einfach wie bei Wegwerfwindeln.

Stoffwindeln waschen und trocknen

Damit man lange etwas von seinen Stoffwindeln hat, ist es wichtig, sie richtig zu waschen. Jede Stoffwindel hat ein eingenähtes Etikett, auf dem genau steht, wie man die Windel waschen kann. Wenn man ganz sicher gehen will, sollte man sich an diese Angaben halten.

Energetisch ist es natürlich immer besser, wenn man die Stoffwindeln bei niedrigen Temperaturen wäscht. In den meisten Fällen reichen auch 30 bis 40° C aus, um die Stoffwindeln ausreichend zu reinigen, wenn man passendes Waschmittel benutzt.

Bei der Wahl des Waschmittels sollte man bedenken, dass Stoffwindeln direkt auf die Haut des Babys kommen und das an einer recht empfindlichen Stelle. Es ist also sinnvoll, ein Waschmittel ohne Parfum zu benutzen. Viele entscheiden sich zudem für ein ökologisches Waschmittel.

Ein Hygienespüler ist nicht notwendig, vielfach wird sogar eher davon abgeraten, da die Chemikalien als Rückstände in der Stoffwindel bleiben und zu Hautreizungen führen können. Um alle Bakterien und Keime abzutöten, reichen die herkömmlichen Waschmittel völlig aus.

Beim Trocknen erreicht man die beste Energiebilanz, wenn man die Windeln an der frischen Luft trocknet. Wenn man in Innenräumen trocknet, sollte man bedenken, dass eine hohe Luftfeuchtigkeit ungünstig für Wohnräume ist und dort langfristig sogar Schäden anrichten kann. Lüften und Heizen ist hierbei somit unerlässlich. Generell trocknen Stoffwindeln recht langsam, da sie ja extra darauf ausgelegt sind, viel Flüssigkeit aufzunehmen und zu speichern. Beim Trocknen sollte man also mehr Zeit einplanen, und wer die Einlagen im Trockner trocknet, sollte sie danach nicht direkt in eine Schublade räumen, da meist noch etwas Restfeuchtigkeit vorhanden ist.

Lagerung schmutziger Windeln

Am Anfang, wenn das Baby ausschließlich Milch bekommt, ist das meist nicht so ein großes Problem, da der Stuhl nicht so streng riecht. Das ändert sich aber spätestens mit der Beikosteinführung. Außerdem riecht nicht nur der Stuhl, sondern vor allem entwickelt der Urin einen beißenden Geruch, wenn er luftdicht gelagert wird. Darum sind Eimer, die komplett geschlossen werden können, nicht unbedingt die ideale Lösung.

Alternativ kann man Wet-Bags nutzen, Plastikbeutel, die man mit einem Reißverschluss verschließt. Wenn sie voll sind, werden die Windeln einfach in die Waschmaschine entleert, der Beutel auf links gedreht und dann mitgewaschen.

„Wir wickeln mit Stoffwindeln"

Melanie, 31 Jahre

Als ich in der Schwangerschaft einen Film über Müllprobleme anschaute, wurde mir zum ersten Mal klar, wie viel Müll wir eigentlich mit Windeln produzieren. Also habe ich mich über Alternativen informiert und habe mich sehr schnell in Stoffwindeln verliebt. Die süßen Motive können einen regelrecht süchtig machen, und mittlerweile habe ich ein großes Sortiment an verschiedenen Windeln, Einlagen und Überhosen.

Ich finde das Wickeln mit Stoffies nicht schwieriger und finde zudem, dass Wegwerfwindeln einfach furchtbar riechen und Windelausschläge begünstigen. Ich greife nur zu ihnen, wenn ich muss, weil wir mehrere Tage wegfahren und keine Waschmaschine in der Nähe haben, ansonsten wickel ich ausschließlich mit unseren Stoffies.

Auch meinen Mann konnte ich von den Stoffwindeln überzeugen, obwohl er anfangs etwas skeptisch war. Mittlerweile wickelt auch er damit wie ein Profi, und wenn ich die Wäsche mal vergessen sollte, dann macht er sie. Wir sind da ein gutes Team, und Stoffwindeln sind für uns mittlerweile das Normalste der Welt.

Windelfrei

Ein ganz anderer Ansatz ist das Konzept „Windelfrei". Wer jetzt denkt, dass die Kinder hierbei niemals Windeln tragen, der liegt falsch. Es geht eher darum, dem Kind zu ermöglichen, ohne Windel zu sein, wenn Zeit und Raum dafür da sind. Damit das Kind dann nicht in die Ecke macht, achtet die Mama oder der Papa in dieser Zeit sehr sensibel auf das Kind, und wenn man den Eindruck hat, dass das Kind muss, wird es über einem Töpfchen oder der Toilette „abgehalten".

„Elimination Communication" wird es auch genannt, weil es darauf basiert, dass schon Babys es (mehr oder weniger deutlich) signalisieren, wenn sie müssen. Nicht indem sie es sagen, sondern indem sie auf eine bestimmte Art weinen, plötzlich ganz stillhalten oder eine bestimmte Bewegung bzw. bestimmte Laute machen.

Befürworter führen an, dass dadurch ein sehr intensiver Kontakt zum Kind aufgenommen wird und Eltern sich auf einer anderen Ebene mit ihrem Baby beschäftigen. Außerdem bekommt das Baby ein Gefühl für seine Ausscheidungen, und etwas Luft am Po ist für Kinder auch sehr angenehm. Zudem entsteht in diesen Momenten natürlich kein Müll und auch keine Windel, die gewaschen werden muss.

SIND WINDELFREI-KINDER FRÜHER TROCKEN?

Wenn man von windelfrei erzählt, dann kommt schnell die Frage auf, ob die Kinder dadurch früher „trocken" werden. Ob sie also früher selbstständig auf die Toilette gehen oder Bescheid sagen, wenn sie müssen und so keine Ausscheidungen in Hose, Bett oder auf dem Boden landen.

Allerdings spiegelt diese Frage eine falsche Sichtweise wider und ist nicht zielführend: Bei windelfrei geht es nicht darum, dass das Kind möglichst früh trocken wird. Es ist kein Töpfchentraining.

Wer windelfrei nur praktizieren will, weil das Kind damit schneller trocken wird, wird mit diesem Konzept nicht glücklich werden. Denn ja, die Kinder werden zwar oft früher trocken als Kinder, die Wegwerf- oder Stoffwindeln tragen, auf dem Weg dorthin müssen aber in den meisten Fällen genauso viele „Unfälle" bereinigt werden. Manchmal weniger, manchmal auch mehr.

Abhalten

Abhalten hört sich für die meisten erst mal merkwürdig an. Gemeint ist damit eine Position, in der das Kind dabei unterstützt wird, sich zu entleeren.

Dem Menschen fällt es leichter, sich zu entleeren, wenn er ein wenig in die Hocke gehen kann. Auch Babys fällt es in einer solchen Position leichter, sich zu entleeren, und beim Abhalten wird dem Rechnung getragen.

Konkret hält man das Kind vor dem Bauch, das Kind schaut von einem weg (der Rücken des Kindes liegt am eigenen Bauch an). Mit dem einen Arm hält man das Kind unter den Achseln, mit dem anderen winkelt man die Beine des Kindes an (die Kniekehlen des Kindes liegen auf dem Unterarm der abhaltenden Person auf). Der Po liegt nun unterhalb der Kniekehlen.

WINDELFREI ERLEICHTERN: PRAKTISCHE KLEIDUNG

Windelfrei kann man sich im Alltag ein bisschen erleichtern, indem man dem Kind passende Kleidung anzieht: Alles, was nicht einfach über den Po heruntergezogen werden kann, ist hinderlich.
Bodys sind unpraktisch, besser sind lange Unterhemden, die man in die Hose steckt.
Schlitzhosen oder Splitpants sind Hosen, die im Schritt offen sind oder dort einen Latz mit Knöpfen haben – so muss man das Kind nicht vollkommen entkleiden, wenn es abgehalten wird.

Ist windelfrei schädlich?

Nein, windelfrei ist nicht schädlich und sorgt auch nicht für eine ungesunde Fixierung auf die Ausscheidungen – wenn man es richtig macht. Wichtig ist, dass windelfrei nicht als Sauberkeitstraining verstanden wird. Das Kind sollte nicht unter Druck gesetzt werden, und Belohnung oder Bestrafung sind tabu.

Ziel ist nicht, möglichst schnell trocken zu werden, sondern dem Kind zu ermöglichen, sich nicht in eine Windel entleeren zu müssen.

Der Versuch windelfrei sollte zunächst abgebrochen werden, wenn Eltern merken, dass sie zu verkrampft sind, das Kind sich wehrt und beim Abhalten weint oder sich durchstreckt.

ENTSPANNT WINDELFREI AUSPROBIEREN

Den meisten fällt es zunächst schwer sich vorzustellen, dass schon ein Baby anzeigt, wann es muss. Um dein Baby genauer kennenzulernen, kannst du es einfach für einige Zeit nackt liegen lassen und beobachten, wann es muss: Wie verhält es sich kurz vorher? Macht es bestimmte Laute, Bewegungen oder Gesichtsausdrücke?

Bei windelfrei gibt es im Grunde zwei Strategien:

1. Das Abhalten nach Signalen
   Das Baby wird abgehalten, wenn es anzeigt, dass es muss. Dabei wird sehr intensiv auf das Kind geachtet.
2. Das Abhalten nach Zeiten
   Das Baby wird in bestimmten Intervallen oder nach bestimmten Ereignissen abgehalten (zum Beispiel vor und nach dem Schlafengehen oder nach dem Stillen).

Die meisten Eltern, die windelfrei praktizieren, benutzen dabei beide Strategien parallel. Manche Babys zeigen jedoch nur sehr undeutliche Signale, wann sie müssen, und manchmal können wir Eltern diese auch gar nicht erkennen. Zudem kann sich das Verhalten des Babys jederzeit ändern und wir beginnen quasi wieder von vorne mit unserem Beobachten.

Darum ist es bei windelfrei besonders wichtig, offen zu bleiben und es niemals als Pflicht zu sehen. Wenn eine Phase gerade sehr anstrengend ist, sollte man lieber auf Windeln zurückgreifen, bevor man durch windelfrei noch gestresster wird.

Windelfrei weltweit

Windelfrei hört sich für uns erst mal etwas merkwürdig an. Ein Baby ganz ohne Windel? Klar, im Sommer ist es für die meisten nichts Ungewöhnliches, die Windel auch mal länger abzumachen, aber darüber hinaus?

In anderen Ländern war windelfrei bis vor gar nicht langer Zeit jedoch etwas ganz Normales. In Vietnam wuchsen Kinder fast immer so auf, und erst durch gezielte Werbekampagnen von Pampers und Co. steigt nun auch dort der Windelverbrauch. Bisher nutze man Windeln dort eher sparsam und als Back-up.

„Wir machen Windelfrei"

Lara, 33 Jahre

Wir haben uns nicht bewusst für windelfrei entschieden, sondern einfach festgestellt, dass unser Baby nicht in die Windel machen mochte. Meine Hebamme hat dann irgendwann vorgeschlagen, einfach mal die Windel auszuziehen und es „abzuhalten".

Ich weiß noch, dass ich es damals total merkwürdig und irgendwie sogar albern fand. Aber – Oh Wunder! – unser wenige Wochen altes Kind konnte sich so entleeren und war danach viel zufriedener.

Im Internet informierte ich mich dann über windelfrei und fand einige hilfreiche Erfahrungsberichte. Für mich stand dabei immer an erster Stelle, dass mein Kind sich wohlfühlt. Ich merkte einfach, dass es sich in einer Windel nicht entleeren mochte, und somit war windelfrei für mich einfach die logische Konsequenz.

▶

Zu Anfang beobachtete ich unser Kind dafür lange und achtete genau darauf, wann es sich entleerte und ob es dabei bestimmte Signale zeigte. Ich hielt oft nach Gefühl ab, manchmal kam dann tatsächlich etwas, manchmal aber auch nicht. Damit die Wäscheberge aufgrund von „Unfällen" sich in Grenzen hielten, wurde der Boden mit einer Plastikmatte ausgelegt, auf die ich einfach ein Handtuch legte. Darauf lag unser Kind dann mit freiem Unterkörper (Zum Glück war Sommer und es war somit warm genug.).

Anfangs klappte es natürlich nicht wirklich oft und viel ging „daneben". Aber bald merkte ich, dass es bestimmte Zeiten und Gelegenheiten gab, zu denen eigentlich immer etwas kam. Auch nachts wollte ich es meinem Baby ermöglichen, ohne Windel zu schlafen, dieses Experiment endet aber mit unglaublich viel Wäsche, und somit beschlossen mein Mann und ich, in der Nacht doch mit einer Windel zu wickeln.

Tagsüber klappte das Abhalten jedoch immer besser, und es ging deutlich weniger daneben. Mittlerweile ist unser Kind fast ein Jahr alt. In diesem Jahr gab es Phasen, in denen windelfrei wirklich super geklappt hat, aber auch solche, in denen ich an dem Konzept gezweifelt habe, weil es gar nicht klappte. Mich hat immer wieder motiviert, dass unser Kind ohne Windel deutlich zufriedener ist. Heute kann ich mir gar nicht mehr vorstellen, meinem Kind 24 Stunden lang eine Windel anzuziehen.

In der Nacht greifen wir zwar immer noch auf Windeln zurück, doch mittlerweile bleiben auch diese oft mal trocken. Zum einen merke ich selbst nachts manchmal, dass das Kind muss, und ich schaffe es rechtzeitig abzuhalten, zum anderen reicht es manchmal sogar, wenn ich vor dem Schlafen und direkt nach dem Aufwachen abhalte.

Den eigenen Weg finden

Wie man wickelt, ob man Stoffwindeln oder Wegwerfwindeln nimmt oder auch windelfrei ausprobiert, ist eine der Entscheidungen, bei denen es auch viel um Praktikabilität geht.

Der Alltag kann für Eltern sehr anstrengend sein, und es gibt genug Dinge, bei denen man nicht einfach das machen kann, was man am praktischsten findet. Bei der Windel ist das anders. Wer hier keine feste Vorstellung hat und offen für die verschiedenen Alternativen ist, kann auch einfach das wählen, was am praktischsten für die eigene Familie erscheint.

Dabei kann das durchaus verschieden sein. Denn auch wenn windelfrei auf den ersten Blick eher aufwendig erscheint, kann es sich durchaus im Alltag als äußerst praktisch erweisen.

Wegwerfwindeln sind die Alternative, für die sich anteilmäßig die meisten Eltern entscheiden, doch auch der Anteil derer, die mit Stoffwindeln wickeln, nimmt in den letzten Jahren kontinuierlich zu.

Manchmal ist es jedoch auch bei diesem Thema nicht einfach, zu seiner Entscheidung zu stehen. Je nachdem, mit wem man spricht, ist man entweder „egoistisch und verschmutzt die Umwelt" (Wegwerfwindeln), „unhygienisch und ein Möchtegern-Öko, der unnötig Energie mit zu viel Wäsche verschwendet" (Stoffwindeln), „ein Egoist, der bei seinem Kind bleibende psychische Schäden verursacht und es mit der Sauberkeitserziehung maßlos übertreibt" (windelfrei).

Egal wie man sich entscheidet, es gibt immer Argumente, die dagegensprechen und Menschen, die der Meinung sind, dass genau diese Entscheidung die schlechteste ist.

Bedürfnisse

Jedes Baby hat das Bedürfnis, sich zu entleeren und dabei möglichst sauber zu bleiben oder schnell sauber gemacht zu werden. Kontrollieren können unsere Babys dieses Bedürfnis lange nicht.

Für viele Kinder macht es keinen Unterschied, ob sie in eine Stoffwindel oder eine Wegwerfwindel machen. Der Unterschied wird erst danach deutlich: Stoffwindeln fühlen sich danach feucht oder gar nass an, eine Wegwerfwindel sorgt für ein eher trockenes Feeling. Stoffwindeln werden darum meist etwas öfter gewechselt, weil die Kinder sich schneller beschweren.

Windelfrei ist für die meisten Kinder am angenehmsten, wobei es auch hier Kinder gibt, denen es nicht gefällt.

Für Eltern steht in den meisten Fällen an erster Stelle, dass das Baby sich wohl und gut fühlt. Danach folgt direkt, wie praktisch die eine oder andere Lösung ist.

Fragebogen

Welche Gedanken hast du, wenn du ans Wickeln denkst?

_____

Hast du ganz klare Vorstellungen, was du machen möchtest oder
bist du eher unsicher?

_____

Wer beeinflusst deine Meinung zu dem Thema?

_____

Hast du Sorge, deine Wünsche einer bestimmten Person
mitzuteilen? Warum?

_____

Was glaubst du, ist das Beste für dich? Was ist das Beste
für dein Baby? Was ist das Beste für euch als Familie?

_____

Fühlst du dich gut informiert?

_____

Welche Informationen fehlen dir noch?
Welche Fragen sind noch offen?

_____

_____

Falls du dich noch nicht ausreichend informiert fühlst oder dir Sorgen machst, kannst du an folgenden Stellen weitere Informationen oder Hilfestellungen erhalten:

https://www.windelwissen.de/
Hier findest du jede Menge Informationen zu Stoffwindeln, den verschiedenen Wickelarten und viele Videos, die das Ganze praktisch zeigen.

https://rabeneltern.org/
Hier findest du viele nützliche Informationen rund um das Thema windelfrei: Von Tipps bis zu Ammenmärchen klären die Autoren umfassend auf. Auch andere Erziehungsthemen werden hier besprochen.

GLÜCKLICH STATT PERFEKT

Während der Schwangerschaft trifft man im Kopf die eine oder andere Entscheidung. Stellt sich vor, wie etwas sein wird. Dabei sollte jedoch eins nie vergessen werden: Unsere Babys kommen schon als Menschen mit Vorlieben, Abneigungen und bestimmten Eigenheiten auf die Welt.

Manchmal führt das dazu, dass der Weg, den ich als Mutter oder Vater gerne gehen würde, für das Kind einfach der falsche ist. Babys werden uns dies lautstark mittteilen. Und dann liegt es an uns, dies anzunehmen und aufzulösen.

Konkret bedeutet es, dass wir flexibel bleiben müssen. Immer wieder von unseren Wünschen und Vorstellungen abrücken, schauen, was das Beste für uns als Familie ist und immer wieder neu entscheiden. Das ist nicht immer leicht und oft ein Prozess, der nicht von heute auf morgen abgeschlossen ist. Manchmal braucht es länger, um einen Weg zu finden, mit dem alle sich wohlfühlen.

Der eigene Anspruch

Und dabei sollten wir auch von unserem eigenen Anspruch Abstand nehmen. Denn oft sind es gar nicht die vermeintlichen Erwartungen anderer, die wir glauben erfüllen zu müssen, sondern unser eigener Anspruch. Jede Mama und jeder Papa möchten es gerne perfekt machen. Dem Kind den besten Start ins Leben ermöglichen. Dem Baby genau das geben, was es braucht.

Perfekt gibt es nicht

Doch das ist gar nicht möglich. Wir sind nicht perfekt. Unsere Kinder sind nicht perfekt. Und das Leben schon gar nicht.

Manchmal kann man als Mutter oder Vater einfach nicht mehr. Manchmal gibt es physische oder psychische Grenzen. Manchmal wissen wir gar nicht, was das Kind eigentlich möchte oder braucht und manchmal, da wissen wir nicht einmal, was wir selbst brauchen.

Das ist okay.

Es muss nicht immer alles perfekt sein. Es reicht, wenn man sich Mühe gibt. Wenn man einen liebevollen Umgang pflegt und immer wieder versucht, die verschiedenen Bedürfnisse aller miteinander zu vereinbaren.

Bedürfnisse

Zu Anfang sollten dabei die Bedürfnisse des Babys im Vordergrund stehen. Weil es selber nicht für sich sorgen kann und absolut hilflos ist.

Das bedeutet jedoch nicht, dass die eigenen Bedürfnisse unwichtig wären. Wenn wir in totaler Selbstaufgabe für unser Baby sorgen, werden wir über kurz oder lang daran zerbrechen. Dass wir auf uns selbst aufpassen und auch für uns sorgen, ist somit letztendlich auch im Interesse unseres Kindes.

Eltern, die entspannt sind, die ihre Akkus regelmäßig aufladen und bestimmte Entscheidungen auch im eigenen Sinne treffen, können den Alltag besser bewältigen und haben mehr Ressourcen, auch mal turbulente Zeiten gut zu überstehen.

Wir dürfen nicht nur, sondern wir müssen immer auch für uns selbst sorgen.

Kann man ein Baby verwöhnen?

Zu guter Letzt möchte ich noch kurz auf die Frage eingehen, ob man sein Baby verwöhnen kann.

Sie taucht besonders gerne dann auf, wenn Eltern viel tragen, wenn man im Familienbett schläft und lange stillt. Wobei auch in anderen Fällen schnell geurteilt wird, wenn Eltern einfach „zu schnell" auf ihr Kind reagieren. Was genau „zu schnell" ist, liegt dabei immer im Ermessen desjenigen, der gerade urteilt.

Nein, Babys kann man nicht verwöhnen.

Sie entwickeln sich besser, wenn ihre Bedürfnisse schnell befriedigt werden. Kinder, deren Eltern sensibel auf sie reagieren, sind später emotional stabiler. Sie können engere Bindungen aufbauen und sind allgemein zufriedener. Dies heißt nicht, dass man dazu notgedrungen stillen oder tragen muss. Es heißt einfach, dass man liebevoll mit dem Kind umgeht und versucht, die Bedürfnisse des Babys so gut es geht zu erfüllen und sie dabei mit den eigenen in Einklang zu bringen.

Im ersten Jahr weinen Babys nicht, um ihre Eltern zu manipulieren. Sie weinen, weil sie ein Bedürfnis haben, das sie alleine nicht befriedigen können. Dabei ist es egal, ob das Baby Hunger hat, eine volle Windel oder sich nach Nähe sehnt: Jedes dieser Bedürfnisse sollte von uns Eltern ernst genommen und erfüllt werden.

Alle Bedürfnisse, die das Baby hat, sind wichtig und sollten erfüllt werden. Natürlich ist das nicht immer möglich – das ist auch nicht schlimm. Man sollte aber nicht versuchen, schon Babys zu „erziehen", indem man in bestimmten Situationen nicht auf das Kind reagiert.

Der Weg zu einem harmonischen Familienleben

Ich hoffe, dass ich mit diesem Buch vor allem eins zeigen kann: Jede Familie ist verschieden. Die Wege, die wir einschlagen, sind individuell. Aber dabei haben wir alle eins gemeinsam: Wir lieben unsere Kinder und wollen, dass diese in einer liebevollen Umgebung aufwachsen. Wenn wir im Alltag versuchen, empathisch die Bedürfnisse und Emotionen unseres Kindes, unseres Partners und unsere eigenen wahrzunehmen und hier auch Widersprüche und Gegensätze akzeptieren, ist das schon der erste Schritt zu einem harmonischeren Familienleben.

Wir müssen manchmal auch einfach annehmen, dass eine Situation nicht perfekt ist. Dass es nicht so läuft, wie wir uns das vorgestellt haben, und wir unzufrieden sind.

Wir dürfen es zeigen, wenn es uns nicht gut geht. Wenn wir kaputt und müde sind. Nur weil wir endlich unser lang ersehntes Baby haben, müssen wir nicht rund um die Uhr glücklich sein und alles toll finden.

Was wir ebenfalls nicht müssen, ist, die Erwartung anderer zu erfüllen. Sei es die unserer eigenen Mutter, eines Freundes oder eines Fremden, der Texte im Internet oder Ratgeber schreibt.

Wir müssen uns keinem bestimmten Erziehungsstil verschreiben, und es ist vollkommen gut und richtig, „Rosinen zu picken", also einfach nur das anzunehmen und anzuwenden, was einem gefällt.

Eltern zu sein, ist eine Mammut-Aufgabe.

Und wir alle tappen dabei mehr oder weniger im Dunkeln.

Wenn wir uns aber mehr von Liebe und unserem Herzen und weniger von Angst und alten Schreckgeschichten leiten lassen, dann werden wir diesen Weg viel öfter mit einem wohligen Gefühl und voller Zuversicht beschreiten.

Wenn wir es dann noch schaffen, selbst den anstrengenden Alltag bewusst wahrzunehmen und die kleinen Dinge zu genießen, dann steht einem entspannteren Leben mit unserem Kind nichts mehr im Weg.

Babys verstehen leicht gemacht!

- Für die Zeit, bevor ein Baby sprechen kann: Der praktische Baby-zeichen-Ratgeber für Eltern!

- Einfach und ver-ständlich, mit Bild- und Ton-Beispielen: Was bedeuten konkrete Babyzeichen? Was möchten Babys mit ihrer Mimik, ihren Gesten und ihren Lauten sagen?

- Perfekt für frisch-gebackene Mamas und Papas – auch als Geschenk gut geeignet

Vivian König

Was dein Baby dir sagen möchte

248 Seiten
14,5 x 21,5 cm, Softcover
ISBN 978-3-86910-642-7
€ 19,99 [D] / € 20,60 [A]

Der Ratgeber ist auch als eBook erhältlich.

humboldt
...bringt es auf den Punkt.

Bibliografische Information der Deutschen Nationalbibliothek
Die Deutsche Nationalbibliothek verzeichnet diese Publikation in der Deutschen Nationalbibliografie; detaillierte bibliografische Daten sind im Internet über http://dnb.ddb.de abrufbar.

ISBN 978-3-86910-644-1 (Print)
ISBN 978-3-86910-653-3 (PDF)
ISBN 978-3-86910-654-0 (EPUB)

Die Autorin: Nele Hillebrandt ist Erzieherin und hat einen Bachelor of Science in Psychologie. In ihrem Blog faminino.de berichtet sie nicht nur über ihren Alltag als Mutter – sie liefert auch wertvolle Tipps rund um das Familienleben. Mit ihren ehrlichen und fundierten Ratschlägen hilft sie mittlerweile über 100 000 Müttern pro Monat dabei, gut informiert und entspannt zu sein.

Originalausgabe

© 2019 humboldt
Eine Marke der Schlüterschen Verlagsgesellschaft mbH & Co. KG,
Hans-Böckler-Allee 7, 30173 Hannover
www.schluetersche.de
www.humboldt.de

Lektorat:	Anja Töller, Hannover
Covergestaltung:	ZERO Werbeagentur, München
Coverfoto:	Mauritius images/Blend Images/Jamie G; Shutterstock/Nachai Sorasee
Fotos:	Nele Hillebrandt
Grafiken und Illustrationen:	PER MEDIEN & MARKETING GMBH, stock.adobe.com: annexs2, Alexandr Bognat, Chinnapong
Satz:	PER MEDIEN & MARKETING GmbH, Braunschweig
Druck und Bindung:	gutenberg beuys feindruckerei GmbH, Langenhagen